Praxisbuch NLP

Aljoscha A. Schwarz/Ronald P. Schweppe

Praxisbuch
NLP

Denk dich nach vorn!

INHALT

Lernen Sie sich mit NLP besser kennen – das ist der erste Schritt zum Erfolg.

Selbstvertrauen gewinnen

Mehr Respekt für die eigene Person

*Durch NLP können
aus diffusen Wünschen
Ziele mit einer konkre-
ten Form werden.*

Ein Ausbalancieren unterschiedlicher Bedürfnisse – auch eine NLP-Technik.

Gesundheit als Weg

Sich in seiner Haut wohl fühlen

NLP-Coaching

Wie professionelle Mentaltrainer arbeiten

Antworten auf häufige Fragen zu NLP

Optimal motiviert mit NLP – so erreichen Sie Ihre Ziele!

Schritte zur Veränderung

Sie wollen etwas in Ihrem Leben verändern – und Sie haben auch schon einen wichtigen Schritt getan, indem Sie angefangen haben, dieses Buch zu lesen. Denn hier werden Sie NLP kennen lernen, eine Methode, die Sie nicht nur in die Lage versetzen wird, sich etwas mit voller Motivation zu wünschen, sondern es auch zu bekommen.

»Wir brauchen nicht so fortzuleben, wie wir gestern gelebt haben. Macht euch nur von dieser Anschauung los, und tausend Möglichkeiten laden uns zu neuem Leben ein.«
(Christian Morgenstern)

Wünschen Sie sich was!

Aber Achtung: Erwarten Sie nicht zu wenig! Es gibt große und kleine Wünsche. Manche sind so klein, dass sie in Erfüllung gehen, ohne dass wir es bemerken. Andere sind zwar groß, aber so weit entfernt, dass sie klein erscheinen – zu weit weg, um für das Leben wirklich eine Bedeutung zu haben.
Wünsche sind wichtig! Wer aufgehört hat zu wünschen, hört auf, sich zu bewegen, hört auf zu leben. Wünsche sind die Energie, die uns am Leben und in Bewegung hält. Sind die Wünsche klein, so ist auch die Bewegungsenergie gering, sind sie groß, kommen wir schneller voran. Machen Sie also Ihre Wünsche groß – dann werden Sie auch Großes erreichen!

Die Methode macht den Unterschied

Vielleicht haben Sie sich schon mehrmals in Ihrem Leben vorgenommen, Veränderungen vorzunehmen, beispielsweise schlechte Angewohnheiten, wie das Rauchen, aufzugeben, Neues zu lernen, beispielsweise eine Fremdsprache oder ein Musikinstrument, Ängste oder Schüchternheit loszuwerden oder besser mit Menschen zurechtzukommen. Einiges davon ist Ihnen vielleicht gelungen, aber einige Dinge eben nicht – obwohl Sie sich möglicherweise sogar sehr darum bemüht haben. Was machte den Unterschied zwischen Erfolg und Misserfolg aus? Waren die Dinge, bei denen Sie erfolgreich waren, einfacher als die anderen? Nein – der Unterschied lag allein darin, wie Sie vorgegangen sind. Sie haben immerhin Lesen und Schreiben gelernt und beherrschen zumindest eine Sprache sehr gut – Fähigkeiten, die Sie sich relativ mühelos angeeignet haben, obwohl diese Dinge nicht gerade unkompliziert sind! Und Sie können noch weitaus mehr, als Sie sich vorstellen. Sie wissen nur noch nicht, wie.

Und genau darum geht es in diesem Buch: Sie werden erfahren, wie Sie die unglaublichen Möglichkeiten, die in Ihnen stecken, verwirklichen können – mit Hilfe von NLP!

»Der wahre Zweck eines Buches ist, den Geist hinterrücks zum eigenen Denken zu verleiten.« (C. D. Morley)

Es gibt nichts Gutes – außer man tut es

Das bedeutet natürlich: indem Sie NLP praktizieren. Das Lesen eines Buchs über NLP ist nicht dasselbe, wie das Gelesene anzuwenden. Viele Menschen lesen Erfolgsbücher und klagen darüber, dass all die vorgestellten Methoden nichts bringen würden. Keine Methode der Welt wird das eigene Handeln ersetzen können. Solange sich jemand der Täuschung hingibt, dass das Lesen über eine Methode schon der Praxis gleichkommt, werden selbst die besten Methoden, die durchdachtesten Anregungen und die wirksamsten Hilfestellungen nichts bewirken. Wenn Ihnen jedoch klar ist, dass Lesen nur der erste Schritt zum Verstehen und dann Handeln ist, wird niemand Sie dabei aufhalten können, all Ihre Ziele zu verwirklichen!

Wozu man NLP einsetzen kann

NLP ist eine äußerst erfolgreiche Methode, um tatsächliche und dauerhafte persönliche Veränderungen in erstaunlich kurzer Zeit zu erreichen. NLP ist eine »Erfolgstechnologie«. Eine »Technologie« ist NLP insofern, als es nicht auf philosophische, religiöse oder spirituelle Vorstellungen zurückgreift, sondern ganz konkret und praktisch, Schritt für Schritt nachvollziehbar, Ergebnisse erzielt. Dabei hat sich NLP in ganz verschiedenen Feldern bewährt:

● NLP ist eine sehr effektive Form der Kurzzeittherapie, bei der in kürzester Zeit (mitunter reicht sogar eine einzige Sitzung) Probleme überwunden werden können, die sonst monate- oder gar jahrelange Therapien erfordern.

● NLP wird immer mehr zu einem Muss in der beruflichen Fortbildung von Führungskräften, um Führungskompetenzen und Erfolgsorientierung zu steigern.

● NLP dient der Bewältigung persönlicher Schwierigkeiten und dem individuellen Wachstum.

● NLP zeigt Ihnen, wie Sie praktische Probleme, z. B. Prüfungsängste, Rauchen, Übergewicht oder Beziehungsschwierigkeiten, in den Griff bekommen.

● NLP kann auch für die Verbesserung der körperlichen Gesundheit eingesetzt werden.

Diese Vielzahl an Möglichkeiten des NLP macht natürlich einige Leute skeptisch. Wie kann es möglich sein, dass eine Methode so viele Anwendungen hat? Wie kann NLP auf so vielen Gebieten erfolgreich sein – und dabei auch noch versprechen, dass sich der Erfolg in kurzer Zeit einstellt? Tatsächlich grenzen die Möglichkeiten des NLP an Zauberei. Die Magie liegt jedoch nicht eigentlich im NLP, sondern im menschlichen Geist – NLP ist so erfolgreich, weil es sich zur Aufgabe gemacht hat, die Wirkungsmechanismen des Geistes zu erforschen und in praktische Vorgehensweisen umzusetzen.

Die Intuition sagte den großen Therapeuten, was sie tun sollten – eine wunderbare Fähigkeit, die aber nicht weitergegeben werden konnte. Erst Bandler und Grinder entwickelten daraus NLP – die »Sprache der Veränderung«.

NLP – die Sprache der Veränderung

Schon die Entstehungsgeschichte von NLP macht deutlich, wie sehr es am praktischen Erfolg orientiert ist und sich selbst daran misst. Die Geschichte des NLP begann in den 1970er Jahren, als der Informatik- und Psychologiestudent Richard Bandler dem Sprachwissenschaftler Dr. John Grinder begegnete. Sie stellten sich die Frage, weshalb die drei bekanntesten und erfolgreichsten Therapeuten der USA – Milton Erickson, Fritz Perls und Virginia Satir – so herausragende Erfolge erzielten und ihre Kollegen so haushoch übertrafen. Dabei fanden sie schnell heraus, dass der Erfolg dieser Therapeuten nicht etwa von den psychologischen Theorien abhing, die sie vertraten. Es waren vielmehr ganz bestimmte Kommunikations- und Verhaltensmuster, die sie bei ihren Klienten anwandten, die schnelle und dauerhafte Veränderungen bewirkten. Die Therapeuten selbst waren sich dessen interessanterweise gar nicht bewusst – sie gingen intuitiv vor. Bandler und Grinder ging es jedoch gerade darum, den Erfolg dieser Meistertherapeuten nachvollziehbar zu machen und anderen zu vermitteln. Also fassten sie die konkreten Erfolgsstrategien in einem klaren, nachvollziehbaren und erlernbaren System zusammen, das sie NLP (neurolinguistisches Programmieren) nannten.

Werden Sie Ihr eigener Erfolgstrainer

In diesem Buch werden Sie lernen, alle Veränderungen, die Sie sich für Ihr Leben wünschen, herbeizuführen. Sie werden erfahren, wie Sie Ihre persönlichen Ziele finden, wie Sie sich wirklich motivieren können, wie Sie Ihre Ängste überwinden und Selbstsicherheit gewinnen, wie Sie schlechte Gewohnheiten wie das Rauchen aufgeben, wie Sie sich mühelos neue Fähigkeiten aneignen, wie Sie die Kommunikation mit Ihren Mitmenschen erfolgreicher machen, wie Sie belastende Erfahrungen in Ihrer Vergangenheit bewältigen und wie Sie Ihre Gesundheit verbessern können.

NLP ist ursprünglich eine Methode, die für Therapeuten, Trainer oder Berater konzipiert wurde, die mit ihrem Wissen über die Möglichkeiten der Veränderung durch NLP ihren Klienten effektiver dabei helfen können, wichtige Veränderungen zu erreichen. In unserem Buch haben wir jedoch alle wichtigen NLP-Techniken in einer Form dargestellt, die es Ihnen ermöglicht, sie auch ohne einen NLP-Coach praktisch nachzuvollziehen. So werden Sie zu Ihrem eigenen NLP-Erfolgstrainer.

Lassen Sie Ihre Wünsche groß werden – wenn sie groß genug sind, müssen Sie nur noch die Hand ausstrecken, um sie zu erreichen!

Diejenigen, die ihre NLP-Erfahrungen weitergeben wollen oder bereits als Therapeut, Motivationstrainer oder Coach arbeiten, finden ebenfalls neue Anregungen im letzten Kapitel ab Seite 155.

NLP aktiviert ungeahnte Kräfte: Sie können Ihre individuelle Kreativität (wieder-)entdecken und das gesamte Potenzial all Ihrer Fähigkeiten entfalten – für die optimale Entwicklung Ihrer Persönlichkeit, eine effektive Kommunikation und eine deutliche Leistungssteigerung.

Die Grundlagen der Magie

NLP – Basiswissen zur Methode

NLP steht für neurolinguistisches Programmieren. Nun, wir denken, wir gehen kein großes Risiko ein, wenn wir annehmen, dass Ihnen auch das nicht allzu viel Klarheit verschafft. Also wollen wir uns einmal ansehen, was es mit der Neurolinguistik und dem Programmieren auf sich hat – und wie sich die beiden Begriffe zusammenfügen.

Eine kurze Begriffsklärung

Die Neurolinguistik ist eine relativ junge Wissenschaft, die mehrere Forschungs- und Wissensgebiete vereint. In der Neurolinguistik forschen Wissenschaftler aus den medizinischen Arbeitsgebieten Physiologie und Neurologie sowie Sprachwissenschaftler und Psychologen. Der Wortteil »Neuro« weist darauf hin, dass es um Vorgänge im Gehirn geht; »Linguistik« ist die Wissenschaft von der Sprache. Die Neurolinguistik erforscht also, wie Sprache im menschlichen Gehirn repräsentiert und verarbeitet wird – die Erkenntnisse der neurolinguistischen Forschung können beispielsweise für therapeutische Zwecke nutzbar gemacht werden.

»Die Menschen suchen ihr Glück, ohne zu wissen, auf welche Art sie es finden können: Wie Betrunkene ihr Haus suchen, im unklaren Bewusstsein, eins zu haben.« (Voltaire)

Ohne Programm läuft nichts

Das Wort »Programmieren« ist Ihnen sicherlich im Zusammenhang mit Computern vertraut. Beim Programmieren wird einem Computer eine Folge von Anweisungen gegeben, die ihm angeben, welche Operationen mit welchen Daten durchzuführen sind. Programme können direkt in die Hardware – also den materiellen, greifbaren Teil des Computers – eingebaut werden oder unabhängig in einer Form existieren, die Software genannt wird. Was ein Computer tun kann, hängt zwar zum einen Teil von seiner Bauart ab (der Hardware), aber zum weitaus größeren Teil hängen seine Fähigkeiten von den Programmen (der Software) ab. Ohne Programm kann selbst der modernste Computer überhaupt nichts!

Gedanken und Gefühle als »Software«

Nun ist das für uns insofern interessant, als dass wir unser Gehirn in mancherlei Hinsicht mit einem Computer vergleichen können. Unser Gehirn allein ist zu gar nichts fähig – erst durch unsere Erfahrungen, unsere Erziehung und unsere Lerngeschichte befähigt es uns, so erstaunliche Dinge zu tun, wie Musik zu komponieren, Liebe zu empfinden und uns Gedanken über uns selbst zu machen.

In der Analogie zu einem Computer sind unser Körper, unsere Organe einschließlich unseres Gehirns die »Hardware«, die gewisse Grenzen vorgibt. Unsere Gedanken, unsere Gefühle, unsere Fähigkeiten sind die »Software«, die »Programme«, die uns erst zu Menschen mit all ihren Möglichkeiten machen.

»Mit jeder Sprache, die du erlernst, befreist du einen bis daher in dir gebundenen Geist.« (Friedrich Rückert)

Sprache beeinflusst geistige Abläufe

NLP, das neurolinguistische Programmieren, beschäftigt sich also damit, wie die Vorgänge in unserem Gehirn über Sprache (im weitesten Sinn) beeinflusst werden können – also wie wir unser Gehirn »programmieren«. Wir können neue Programme installieren und damit unsere Fähigkeiten erweitern – aber wir können auch alte Programme verbessern, erweitern und neue Unterprogramme hinzufügen. Und nicht zuletzt – und das ist eine der wichtigsten Anwendungen des NLP – können wir lernen, die bereits bestehenden Programme optimal zu nutzen. Die Programme, die in unserem Gehirn ablaufen, sind dabei natürlich unermesslich vielfältiger, komplexer, leistungsfähiger und erstaunlicher als alle Computerprogramme der Welt zusammen. Und auch die »Programmiersprache«, in der die Programme in unserem Gehirn geschrieben sind, ist weitaus vielfältiger als die Symbole, mit denen ein Computer operiert. Ein Computer kennt nur zwei Symbole: 1 und 0. Die Symbole, mit denen unser Gehirn arbeitet, sind »Wahrnehmungseinheiten«.

Die Sprache des Gehirns

Wir verfügen über verschiedene Sinneskanäle bzw. Repräsentationssysteme, über die wir Informationen aufnehmen können: den visuellen Kanal (das Sehen), den auditiven Kanal (das Hören), den kinästhetischen Kanal (das Fühlen), den olfaktorischen Kanal (das Riechen) und den gustatorischen Kanal (das Schmecken). Eine gebräuchliche Abkürzung für die Gesamtheit der Repräsentationssysteme ist VAKOG (visuell, auditiv, kinästhetisch, olfaktorisch, gustatorisch).

Die Unterteilung in Submodalitäten

Aber wir verfügen nicht nur über fünf »Eingabekanäle« – jedes Repräsentationssystem hat viele verschiedene Submodalitäten –; das visuelle Repräsentationssystem beinhaltet beispielsweise Submodalitäten wie Farbigkeit oder Helligkeit. Jede Submodalität kann wieder viele verschiedene Ausprägungen haben: Dies sind die Symbole, aus denen die Programme des Gehirns aufgebaut sind.

In der Liste auf Seite 16f. finden Sie die wichtigsten Submodalitäten aller Repräsentationssysteme sowie Beispiele für Ausprägungen der Submodalitäten. Diese Liste ist natürlich nicht vollständig – überlegen Sie, ob Ihnen selbst weitere Submodalitäten und deren Ausprägungen einfallen. Sie sehen: Die Zahl der Symbole, mit denen unser Gehirn arbeitet, ist weitaus größer als die zwei Symbole 1 und 0 des Computers. Kein Wunder also, dass unser Gehirn weitaus faszinierendere Programme beinhaltet als jede Maschine!

Die aus dem psychotherapeutischen Umfeld entwickelte Methode NLP wird heute auch im pädagogischen und wirtschaftlichen Bereich genutzt, um effektivere Möglichkeiten des Denkens und Kommunizierens zu üben.

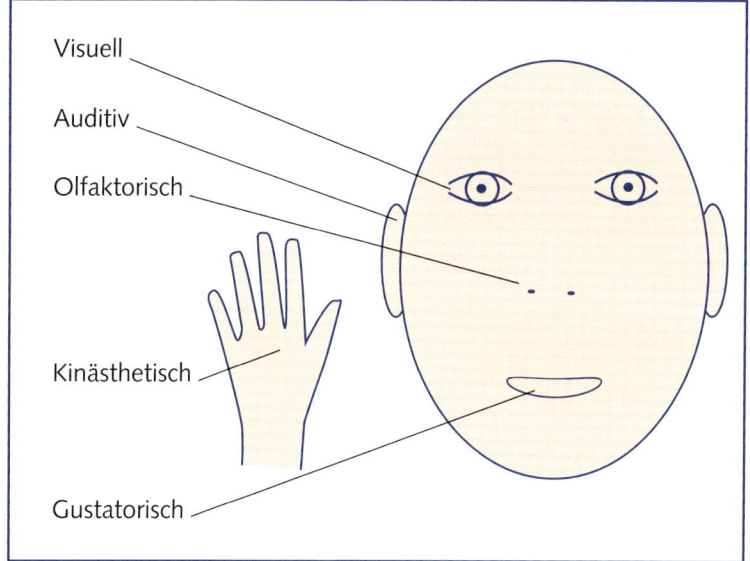

Visuell

Auditiv

Olfaktorisch

Kinästhetisch

Gustatorisch

Die »Eingabekanäle« unserer Sinne sorgen für das Empfangen von Informationen: visuell über das Sehen mit den Augen, auditiv über das Hören mit den Ohren, olfaktorisch über das Riechen mit der Nase, kinästhetisch über das Tasten mit der Hand und gustatorisch über das Schmecken mit dem Mund.

Repräsentationssysteme und Submodalitäten

Wir nehmen unsere innere und äußere Welt individuell sehr unterschiedlich wahr. Meist wird ein Sinneskanal bevorzugt und hat so den größten Einfluss auf unsere Gefühls- und Denkstrukturen.

Repräsentationssystem	Submodalität	Ausprägungen
Visuell	Farbigkeit	Schwarzweiß, farbig, bunt
	Größe	Groß, klein
	Entfernung	Nah, fern
	Helligkeit	Hell, dunkel
	Form	Rund, quadratisch, unregelmäßig
	Bewegung	Standbild, Film, schnell, langsam
	Struktur	Glänzend, matt
	Position	Rechts, links, Mitte
	Dimension	Zweidimensional (flach); dreidimensional (räumlich)

Repräsentationssystem	Submodalität	Beispiele
Auditiv	Tonhöhe	Tief, hoch
	Tonqualität	Dumpf, hell, schrill, dröhnend, nasal
	Lautstärke	Laut, leise
	Melodie	Melodiös, unmelodisch, monoton, harmonisch

Repräsentationssysteme und Submodalitäten

Repräsentationssystem	Submodalität	Beispiele
Auditiv (Fortsetzung)	Tempo	Schnell, langsam
	Rhythmus	Regelmäßig, unregelmäßig, treibend, schleppend
	Position	Rechts, links, nah, fern
Kinästhetisch	Qualität	Entspannt, angespannt, rau, glatt, dumpf, stechend, drückend, prickelnd, nass, trocken, hart, weich
	Intensität	Stark, schwach
	Temperatur	Warm, heiß, kühl, eisig
	Position	Kopf, Bauch, Brust
	Bewegung	Langsam, schnell, kontinuierlich, stockend, vibrierend
Gustatorisch	Qualität	Süß, sauer, salzig, bitter, scharf, herb, ölig
	Intensität	Stark, schwach
Olfaktorisch	Qualität	Duftend, stinkend, rauchig, erdig
	Intensität	Stark, schwach

Ein bestimmter Geruch kann eine Welt von Gedanken und Gefühlen hervorrufen – darauf beruht der Erfolg von Parfümherstellern, die darum wetteifern, wer den olfaktorischen Sinn mit den verlockendsten Assoziationen umschmeicheln kann.

Die zehn Grundsätze des NLP

1. Menschen orientieren sich in der Welt nach ihrer individuellen mentalen Landkarte von der Welt.

2. Die beste Karte ist diejenige, die am meisten Wege zeigt.

3. Jedem Verhalten liegt eine positive Absicht zugrunde.

4. Jede Erfahrung hat eine Struktur.

5. Für jedes Problem gibt es eine Lösung.

6. Jeder Mensch verfügt über alle Kräfte, die er braucht.

7. Körper und Geist sind Teile eines Systems.

8. Die Bedeutung jeder Kommunikation liegt in ihrem Ergebnis.

9. Es gibt kein Scheitern, sondern nur Rückmeldungen.

10. Wenn etwas nicht funktioniert, versuche etwas anderes.

Modelle statt Theorien

»Grau, teurer Freund, ist alle Theorie und grün des Lebens goldner Baum.« (Johann Wolfgang von Goethe)

Gerade akademisch gebildete Menschen sind oft überrascht, wenn sie erfahren, dass dem NLP keine Theorie zugrunde liegt. Nicht nur das: Die meisten Vertreter des NLP sind nicht einmal daran interessiert, eine Theorie zu erarbeiten, wie der menschliche Geist funktioniert und wie NLP auf ihn wirkt. Im NLP geht es nur um eines: Funktioniert es? In diesem Sinne sind auch die Grundsätze oder Vorannahmen des NLP zu verstehen. Diese Grundsätze, um das noch einmal deutlich zu machen, erheben nicht den Anspruch, die Wahrheit über die Welt im Allgemeinen und den Menschen im Besonderen zu verkünden. Sie stehen nicht für Theorien, sondern für Modelle. Sie sind diejenigen Annahmen, die sich in der Arbeit der NLP-Coaches, -Trainer und -Praktiker als nützlich und brauchbar erwiesen haben.

Der erste Grundsatz

Menschen orientieren sich in der Welt nach ihrer individuellen mentalen Landkarte von der Welt. Wie finden Sie sich in der Welt zurecht? So einfach ist das ja nicht: Nur die Augen öffnen und hinsehen ist nicht ausreichend. Das genügt zwar, um nicht gegen den nächsten Baum zu rennen – und auch das nur, wenn man weiß, dass das wahrscheinlich von einer unangenehmen Beule am Kopf begleitet wäre. Könnte es nicht auch angenehm sein? Na ja, das Beispiel ist wirklich sehr banal. Wir alle wissen, dass es wehtut, mit dem Kopf gegen harte Gegenstände zu stoßen. Vielleicht macht ein anderes Beispiel klarer, worum es uns geht. Carl sieht einen See und denkt dabei an Nässe, Kälte, Ertrinken und die Gefahr der Tiefe. Tina sieht denselben See und denkt an Spaß, Schwimmen, Sommer und Leichtigkeit. Sehen wirklich beide denselben See?

NLP überzeugt nicht in erster Linie durch abstrakte rationale Theoriegebäude, sondern durch praktischen Erfolg.

Wie wir sehen

Die äußere Welt sehen wir überhaupt nicht! Das klingt erst einmal sehr überraschend und scheint allen Denkgewohnheiten zu widersprechen. Aber tatsächlich nehmen wir ja niemals »Dinge« wahr, sondern die inneren Repräsentationen dieser Dinge. Deshalb gibt es auch blinde Menschen, deren Augen vollkommen gesund sind – Menschen, die durch eine Hirnschädigung die Fähigkeit verloren haben, die Nervenimpulse, die von ihren Augen ausgehen, zu verarbeiten.

Der polnische Mathematiker Alfred Korzybsky hat diese Erkenntnis in dem im NLP oft zitierten Satz »Die Landkarte ist nicht das Gebiet« prägnant ausgedrückt.

Die Landkarte ändert sich

Wir orientieren uns in der Welt also nach einer inneren, mentalen »Landkarte« von der Welt. Die Welt *ist* einfach. Aber unsere Landkarte von der Welt können wir verbessern, verfeinern und auf den neuesten Stand bringen.

Von Geburt an verändern wir unsere mentalen Landkarten. Zuerst sind nur sehr wenige Wege und Gebiete auf der Karte eingetragen. Aber indem wir uns Wege durch das Leben bahnen, verfeinern wir unsere Weltkarte. Anfangs probieren wir noch viele neue Wege aus, doch irgendwann finden wir einen besonders guten Weg und gehen diesen immer öfter. Es wird uns zur Gewohnheit, diesen Weg zu benutzen, auch wenn sich das Gebiet verändert hat, wenn neue Möglichkeiten hinzugekommen und alte Wege unpraktisch geworden sind. Es ist also wichtig, unsere mentale Karte von der Welt immer auf dem neuesten Stand zu halten, um uns optimal auf unserem Lebensweg orientieren und fortbewegen zu können.

Der zweite Grundsatz

Die beste Karte ist diejenige, die am meisten Wege zeigt. Eine Karte, die nur einen Weg zeigt, ist eigentlich ziemlich überflüssig. Es besteht keine Wahlmöglichkeit. Je genauer die Karte ist und umso mehr Wege sie zeigt, desto mehr Möglichkeiten gibt es, ans Ziel zu kommen.

Flexibilität ist der Schlüssel zum Erfolg. Wenn wir nur eine Möglichkeit haben, auf ein Ereignis zu reagieren, sind wir sehr eingeschränkt in unserem Handeln. Bei starken Ängsten (Phobien) beispielsweise haben die Betroffenen in der angstauslösenden Situation nur eine Möglichkeit: Panik.

Jemand mit etwas weniger Angst hat schon zwei Möglichkeiten: Flucht oder Aushalten. Ohne Angst sind die Möglichkeiten vielfältig: Man kann möglicherweise die Situation sogar genießen!

Neue Wege erkunden

Auch hinter einem sehr negativ beurteilten Verhalten steckt eine gute Absicht – so eine Grundannahme von NLP. Es gilt also, diese verborgene Absicht zu erkennen und mit veränderten, positiven Mitteln zu verfolgen.

Die Möglichkeiten aber sind schon alle in der Welt vorhanden. Nur: Die mentalen Karten von der Welt zeigen diese Möglichkeiten oder zeigen sie nicht. Und da wir uns nach unseren mentalen Karten orientieren, können wir nur die Wege erkennen, die eingetragen sind.

Um unsere Wahlmöglichkeiten und unsere Erfolgschancen zu verbessern, müssen wir also unsere mentalen Karten auf den neuesten Stand bringen, indem wir immer wieder neue Wege erkunden und beschwerlich gewordene Wege als solche markieren.

NLP hilft Ihnen dabei, neue Wege gefahrlos zu erkunden und Ihre mentale Karte auf dem aktuellen Stand zu halten.

Der dritte Grundsatz

Jedem Verhalten liegt eine positive Absicht zugrunde. Bei den meisten Menschen löst diese Vorannahme des NLP beim ersten Lesen Erstaunen, Verwunderung, Ungläubigkeit oder sogar Ablehnung hervor. Wenn jemand beispielsweise gewalttätig ist – wo soll da die positive Absicht sein? Oder angenommen, ich will mit dem Rauchen aufhören: Ist es da nicht unsinnig anzunehmen, mein Raucherverhalten hätte eine positive Absicht?

Schauen wir uns das doch einmal genauer an. In der Situation, in der sich ein Verhalten entwickelte, hatte es positive Auswirkungen – sonst wäre es ja nicht auf der mentalen Landkarte als ein Weg eingetragen worden, der vorteilhaft ist. Der Kettenraucher hat beispielsweise irgendwann einmal die Erfahrung gemacht, dass sich eine Zigarette entspannend und konzentrationsfördernd auf ihn auswirkt. Die positive Absicht besteht also in seinem Fall darin, Entspannung und Konzentration zu fördern.

Die positive Absicht umleiten

Wenn man nun jemandem das Rauchen abgewöhnen will, muss man diese positive Absicht berücksichtigen. Man muss ihm also einen Weg zeigen, der diese positive Absicht verfolgt – aber nicht den bisherigen Weg über das Rauchen geht. Es ist von größter Wichtigkeit, die ursprüngliche positive Absicht hinter einem negativ bewerteten Verhalten zu erkennen, um ein neues Verhalten entwickeln zu können! Wird die positive Absicht außer Acht gelassen, wird immer ein innerer Widerstand bleiben, der den Versuch, den neuen Weg zu beschreiten, behindert. Im NLP werden wir daher immer versuchen, zuerst die positiven Absichten eines Problems herauszufinden.

Der vierte Grundsatz

Jede Erfahrung hat eine Struktur. Unsere Gedanken, Gefühle, Erinnerungen und Erfahrungen nehmen wir in der Regel als eine Ganzheit wahr. Wenn wir beispielsweise an unseren ersten Kuss denken, taucht in der Regel ein vielschichtiges Erinnerungsmuster auf: das Bild der geliebten Person, die Umgebung, das Gefühl der Berührung, die Stimme, das Kribbeln im Bauch, vielleicht sogar bestimmte Düfte. Je intensiver die Erinnerung ist, desto mehr Aspekte sind in dieser Erinnerung auch enthalten.

Jede Erfahrung ist jedoch strukturiert: Die Elemente sind die sinnlichen Wahrnehmungen. Sehen, Hören, Fühlen, Riechen und Schmecken sind Quellen der »Atome« unserer Erfahrungen. Das klingt vielleicht erst einmal völlig abstrakt und theoretisch. Doch die Konsequenzen sind enorm. Denn wenn jede Erfahrung eine bestimmte Struktur hat, kann auch jede Erfahrung durch eine Veränderung einzelner Elemente in ihrer Gesamtwirkung verändert werden. Diese Möglichkeit nutzt NLP, um angenehme Erinnerungen zu intensivieren, neue Erfahrungen angenehm zu machen, unangenehme Erinnerungen zu neutralisieren und um innere Kräfte zu wecken.

Die Arbeit mit NLP verfeinert durch Konzentration die Sinne. Wie entwicklungsfähig die Sinneswahrnehmungen sind, hat jeder schon erfahren, der sich gelegentlich im Dunkeln schlaflos wälzte und nach einer Zeit »das Gras wachsen« hörte.

Übung – die Musik zum Film

Auch »richtige« Filme spielen oft mit dem Effekt, Szenen in einen ungewöhnlichen Kontext von Sinneseindrücken zu stellen: So kann z. B. eine Prügelei je nach unterlegter Geräuschkulisse beängstigend oder aber absurd und komisch wirken.

● Stellen Sie sich eine unangenehme Situation vor, die Sie einmal erlebt haben. Machen Sie sich einen inneren Film von dieser Situation. Stellen Sie sich diese so detailgetreu wie möglich vor: Was sehen, hören, spüren Sie? Sehen Sie sich dann den inneren Film genau an, und achten Sie auf Ihre Gefühle.

● Suchen Sie sich eine Musik aus, die den negativen Gefühlen völlig widerspricht: beispielsweise Trickfilmmusik, Zirkusmusik oder Tanzmusik. Sehen Sie sich Ihren inneren Film mit der unangenehmen Situation noch einmal an, während Sie dazu die gewählte Musik erklingen lassen. Wiederholen Sie das ein paar Mal.

● Sehen Sie sich nun den Film noch einmal ohne Musik an. Achten Sie auf Ihre Gefühle!

Bei 99 Prozent aller Menschen sind die negativen Gefühle jetzt verschwunden oder deutlich verringert – weil durch die Musik die Struktur der Erfahrung verändert wurde.

Alte Erfahrung in neuem Kontext

Sie denken wohl immer noch, dass das graue Theorie ist? Natürlich, denn Sie haben ja noch nicht die Erfahrung gemacht, wie Sie die Struktur der Erfahrung durch die Veränderung eines einzelnen Elements verändern können. Die kurze Übung (siehe Kasten), die der NLP-Mitbegründer Richard Bandler entworfen hat, zeigt es Ihnen.

Der fünfte Grundsatz

Für jedes Problem gibt es eine Lösung. Im NLP gehen wir davon aus, dass es zu jedem, wirklich jedem Problem eine Lösung gibt. Ein wenig naiv? Keineswegs! Natürlich ist nicht jede Lösung, die wir uns für ein Problem vorstellen, auch realisierbar. Doch die scheinbare Unlösbarkeit eines Problems liegt nicht in dem Problem begründet, sondern in den

Wegen zur Lösung, die wir sehen können. Ebenso wie Erfahrungen haben auch Probleme stets eine Struktur. Ein Problem steht wie eine Mauer vor uns auf unserem Weg; solange wir die Mauer als massives Hindernis sehen, können wir keine Lösung erkennen.

Wenn wir uns aber diese Mauer genau betrachten, können wir ihre Höhe, ihre Breite, ihr Material, ihren Aufbau betrachten – und es ergeben sich Wege, das Hindernis zu überwinden. Ist die Mauer wirklich so hoch, dass wir nicht hinüberklettern können? Ist es vielleicht ganz einfach, um die Mauer herumzugehen, einen Tunnel unter ihr zu graben, sie mit einem Fußtritt umzustoßen oder ein Loch in sie zu schlagen? Oder ist vielleicht sogar eine Tür in der Mauer, die wir nur öffnen müssen, um unseren Weg fortzusetzen?

Ein Problem ist erst einmal ein Ereignis in der Welt. Für sich selbst ist nichts, was geschieht, ein Problem. Das Problem entsteht erst durch die Interpretation nach unserem Modell von der Welt, nach unserer mentalen Weltkarte. Wenn wir das wissen, werden wir Probleme nicht als unlösbar ansehen können, sondern ausprobieren, wie wir vorgehen könnten, damit das Problem sich auflöst.

Umorientierung auf Ziele

Lassen Sie uns noch einmal erwähnen, dass es im NLP darum geht, was funktioniert und nützt. Stellen Sie sich unter diesem Gesichtspunkt die Frage: Was bringt es mir zu glauben, ein Problem wäre unlösbar? Was bringt es, anzunehmen, jedes Problem hätte eine Lösung? NLP besteht zu einem großen Teil darin, den Wechsel von einer Problemorientierung hin zu einer Zielorientierung zu vollziehen.

Viele Menschen sind der Problemorientierung so sehr verhaftet, dass ihnen schon die Vorstellung, jedes Problem könnte eine Lösung haben, Unbehagen verschafft – ohne Problem als Leitfaden verlieren sie die Orientierung. Eine Problemorientierung führt zur aktiven Suche nach Problemen; die Zielorientierung führt zur Suche nach Zielen und Problemlösungen.

Der sechste Grundsatz

Jeder Mensch verfügt über alle Kräfte, die er braucht. Denken Sie jetzt: »Schön wär's!«? Ja, so schön ist es tatsächlich. Gerade Menschen, die mit sich selbst sehr unzufrieden sind, bezweifeln diese Grundannahme

So mancher meint, mit Zweifeln an der Lösbarkeit eines Problems sich vor Enttäuschung bei einem eventuellen Scheitern zu schützen. Tatsächlich schränkt er seine Handlungsfähigkeit aber von vornherein ein und erschwert sich den Weg zum Ziel.

gern. Sie wollen glauben, dass ihnen von der Natur, von Gott, vom Schicksal etwas vorenthalten wurde. Doch jeder Mensch verfügt in der Tat potenziell über alle Möglichkeiten. In jedem schlummern ungeahnte Kräfte. NLP hilft u. a. dabei, diese Kräfte – im NLP Ressourcen genannt – zu mobilisieren.

Erinnern Sie sich noch an den vierten Grundsatz (jede Erfahrung hat eine Struktur)? Alle Ressourcen, über die ein Mensch verfügen kann, setzen sich aus den Elementen zusammen, die auch den Erfahrungen zugrunde liegen: den Wahrnehmungen. Aber über diese Elemente verfügt nun wirklich jeder Mensch! Das bedeutet, dass wir zumindest behaupten können, dass jeder Mensch die Grundlagen zu allen Ressourcen hat und sie aus den Elementen aufbauen kann. Aber tatsächlich wollen wir noch mehr behaupten, nämlich dass jeder Mensch diese Ressourcen bereits fix und fertig in sich trägt! Allein die Tatsache, dass auf manche Ressourcen weniger oft zugegriffen wird, lässt einige Menschen glauben, sie hätten diese Ressourcen überhaupt nicht.

Fast jeder hat schon einmal erlebt, wie ihm in einer extremen Situation oder unter großem Druck ungeahnte Kräfte und Fähigkeiten erwuchsen. Warum auf solche äußere Einflüsse warten, um das Beste aus seinen Ressourcen zu machen?

Verschüttetes reaktivieren

So glaubt jemand beispielsweise, er habe keine Geduld, kein Selbstbewusstsein, keinen Mut, keine Phantasie – doch wer kann von sich wirklich sagen, dass er niemals, bei keiner Gelegenheit, nicht eine Sekunde lang über diese Ressourcen verfügt hätte? Natürlich kann das niemand wahrheitsgemäß behaupten. Jeder Mensch hat irgendwann über diese Ressourcen verfügt, jeder war irgendwann einmal mutig, geduldig, selbstbewusst oder phantasievoll. Und jeder Mensch trägt diese Ressourcen immer noch in sich – nur wissen manche Menschen nicht, wie sie sie wieder hervorholen können. Mit NLP werden Sie lernen, alle Ressourcen, die Sie brauchen, wieder zu aktivieren.

Der siebte Grundsatz

Körper und Geist sind Teile eines Systems. Oft hört man, der Mensch habe Körper und Geist. Aber ist es nicht vielmehr so, dass der Mensch Körper und Geist ist? Die westliche Denktradition tendiert dazu, Körper und Geist als getrennte Systeme anzusehen. Ist das schon philosophisch schwierig, so hat es sich in der Medizin und in der Psychologie letztendlich als wirklich unbrauchbar erwiesen. Die rein mechanisch orientierte Medizin ist heute an ihren Grenzen angelangt.

Der Gedanke, dass Körper und Geist eng zusammenhängen, ist nicht neu. Aber erst seit einigen Jahrzehnten werden die Zusammenhänge auch systematisch erforscht. Die Psychosomatik, die sich mit den Zusammenhängen zwischen Seele (Psyche) und Körper (Soma) beschäftigt, hat deutlich gemacht, dass viele Krankheiten nicht als rein körperlich verstanden werden können. Als gesichert gilt dies für Krankheiten wie Asthma, Bluthochdruck, chronische Magen-Darm-Erkrankungen oder rheumatische Arthritis.

Kontrollieren Sie ab und zu einmal Ihre Haltung – sie sagt viel über Ihre innere Verfassung aus. Aber es funktioniert auch umgekehrt: Eine bewusst aufrechte (nicht stocksteife) Haltung hebt die Seelenlage.

Übung – Positive und negative Haltung

● Probieren Sie die negative Haltung: Lassen Sie Ihren Kopf sinken und Ihre Schultern nach vorne fallen, spannen Sie die Bauchmuskulatur leicht an, kneifen Sie die Augen etwas zusammen (so als ob Ihnen etwas ins Auge gekommen wäre), und ziehen Sie die Unterlippe nach unten. Atmen Sie dabei ganz flach.

● Testen Sie nun Ihren Gefühlszustand. Versuchen Sie, an etwas Schönes, Lustiges, Angenehmes, Freudvolles zu denken – und Sie werden erstaunt feststellen, dass Sie dabei auf einen inneren Widerstand stoßen und es Ihnen nicht recht gelingt. Diese Haltung ist mit negativen Gefühlsmustern assoziiert; der körperliche Zustand hemmt positive Gedanken und Gefühle.

● Nun probieren wir das Gegenteil: die Positive Haltung. Entspannen Sie den Bauch, die Augen, die Stirn, heben Sie den Kopf, den Blick, die Augenbrauen und die Mundwinkel, nehmen Sie die Schultern zurück, und atmen Sie einige Male ein und aus. Wahrscheinlich werden Sie sofort spüren, wie diese Haltung positive Gefühle hervorruft. Tatsächlich werden Sie in dieser Haltung nur mit großer Anstrengung in der Lage sein, sich in negative Gedanken und Gefühle zu vertiefen.

Die Haltung beeinflusst die Stimmung

Eine noch neuere Forschungsrichtung, die Psychoneuroimmunologie, befasst sich mit den Zusammenhängen zwischen Gedanken, Gefühlen und körperlichen Prozessen. Dabei wurde zunehmend deutlich, dass Körper und Geist *immer* zusammenwirken. Heute wissen wir, dass jeder Gedanke und jedes Gefühl körperliche Veränderungen zur Folge hat. Aber auch umgekehrt gilt, dass jede körperliche Veränderung sich auch in einer Veränderung geistiger Vorgänge bemerkbar macht.

Im NLP spielen diese Erkenntnisse eine wichtige Rolle. Einerseits werden durch Veränderung von Denkmustern körperliche Probleme verändert, andererseits aber auch durch die Kontrolle körperlicher Parameter, wie der Muskelspannung, Gefühle und Gedanken positiv beeinflusst. Mit einem kleinen Experiment (siehe Kasten Seite 25) können Sie das am eigenen Leib erfahren.

Der achte Grundsatz

Die Bedeutung jeder Kommunikation liegt in ihrem Ergebnis. Die herkömmliche Vorstellung von Kommunikation sieht in etwa so aus: Person A sendet Information und Person B empfängt diese Information. Mitunter wird es ein wenig komplizierter gemacht: A »kodiert« die Information, und B »entschlüsselt« sie.

Doch es ist viel schwieriger – und viel einfacher. Wir wollen uns hier einmal auf das Einfache beschränken. Überlegen wir doch, was bei einer (im Beispiel verbalen) Kommunikation geschieht.

● Person A bewegt ihre Lippen, die Schallwellen treffen auf das Ohr von Person B.

● Die Schallwellen werden in elektrische Impulse umgewandelt, die an das Gehirn von Person B geschickt werden.

● Person B reagiert nun – oder nicht.

Das Wesentliche ist die Reaktion von B. Sinnvoll ist die Kommunikation (für Person A) dann, wenn A etwas so sagt, dass B in (für Person A) wünschenswerter Weise reagiert.

Ist Ihnen aufgefallen, dass »Information« dabei überhaupt nicht vorkommt? Kein Wunder, denn Kommunikation beruht nicht auf der Übertragung von Information! Das ist zumindest die Sichtweise des Konstruktivismus, einer relativ neuen philosophischen Richtung. NLP ist in vielerlei Hinsicht vom Konstruktivismus beeinflusst.

Kennen Sie auch einen dieser phänomenalen Hunde, die angeblich »jedes Wort« verstehen? Natürlich haben sie nicht die menschliche Sprache erlernt, aber als »zielorientierte« Wesen konzentrieren sie sich nicht auf das Problem der unterschiedlichen Kommunikationsmittel, sondern auf die Verständigung.

In der Kommunikation zwischen Menschen kommt es bekanntermaßen sehr häufig zu Missverständnissen. Während der eine glaubt, er habe etwas eindeutig klargemacht (»eine Information übertragen«), spricht der andere, als hätte er die Botschaft nicht empfangen (hat er auch nicht!). Und schon nimmt das Unglück seinen Lauf. Wichtig ist nicht, was man selbst zu sagen glaubt, sondern was man will, das der andere versteht!

Hürden der Kommunikation

Ein ganz einfaches Beispiel: Jemand tritt auf Sie zu und sagt: »Konichi wa!« Wahrscheinlich werden Sie etwas verblüfft sein und keine angemessene Reaktion zeigen können. Der Japaner, der Sie mit »Konichi wa!« ansprach, glaubte, eine Begrüßung auszusprechen; aber seine Äußerung war nicht sinnvoll, um das angestrebte Ergebnis zu erreichen. Das wäre ihm mit den für ihn selbst eigentümlichen Lauten »Guten Tak!« viel besser gelungen …

In dem Beispiel ist die Schwierigkeit leicht zu verstehen, doch in der alltäglichen Kommunikation, in der die Kommunikationspartner scheinbar dieselbe Sprache sprechen, scheint es nicht so leicht einzusehen, dass hier genauso gilt: Die Bedeutung jeder Kommunikation liegt in ihrem Ergebnis!

Die Kunst der Pantomime lebt davon, sich nicht auf das nur scheinbar klarere Kommunikationsmittel Sprache zu verlassen, sondern ausschließlich auf Mimik und Gestik – und erzielt damit oft viel eindeutigere Botschaften!

Die Pantomime arbeitet nur mit stummem Gebärden- und Mimikspiel und muss in ihrer Kodierung daher sehr präzise sein, um verstanden zu werden – ein Ziel, das man sich auch für die Kommunikation über das gesprochene Wort setzen sollte!

27

Der neunte Grundsatz

Es gibt kein Scheitern, sondern nur Rückmeldungen. Eine der wichtigsten Botschaften des NLP lautet, dass es im Grunde niemals Versagen gibt. Ein Ergebnis wird erreicht, indem begonnen wird zu handeln. Der Weg zum Ergebnis kann nur dann gefunden werden, wenn es immer wieder Rückmeldungen darüber gibt, ob die Zielrichtung noch stimmt. Nur durch solche Rückmeldungen sind Korrekturen möglich. Solange man sich in Bewegung befindet (und Leben ist Bewegung!), befindet man sich auf dem Weg zum erwünschten Ziel. Alles, was als Problem, Hindernis oder Scheitern bezeichnet wird, kann viel sinnvoller als Rückmeldung betrachtet werden – also als Hinweis darauf, wie effektiver vorgegangen werden sollte, um an sein Ziel zu gelangen. Menschen, die sich davor fürchten zu scheitern, erleben ständig innerliche Misserfolge. Daher tun sie nicht die Dinge, die zum Erfolg führen könnten. Die Angst zu versagen, ist eines der größten Hindernisse auf dem Weg zum Erfolg.

»Aus Fehlern lernt man!« gibt man gern frustrierten Schulkindern zu verstehen. Die meisten Erwachsenen beherzigen diese Weisheit aber nur wenig, sondern geben bei auftretenden Schwierigkeiten auf oder erschöpfen sich in Selbstkritik.

Schwierigkeiten bringen weiter

Schwierigkeiten als Scheitern anzusehen, bedeutet Stillstand. Schwierigkeiten als Rückmeldung zu betrachten, eröffnet dagegen neue Wege zum Ziel. Versuchen Sie doch einmal, das anhand eigener Erlebnisse nachzuvollziehen. Jeder Mensch kennt Umstände, in denen er Schwierigkeiten als wertvolle Rückmeldungen annahm. Denken Sie nur daran, wie Sie Lesen und Schreiben lernten. Stellen Sie sich nur vor, Sie hätten, nachdem Sie Ihr erstes Buch in die Hand nahmen und feststellen mussten, dass Ihnen die seltsamen Zeichen, die die Erwachsenen als Buchstaben bezeichnen, nichts sagten, dies als Scheitern betrachtet und aufgegeben. Nur durch ständige Rückmeldungen haben Sie schließlich Lesen gelernt – nicht durch Scheitern an der Aufgabe.

Der zehnte Grundsatz

Wenn etwas nicht funktioniert, versuche etwas anderes. Dieser Grundsatz des NLP scheint Ihnen vielleicht unnötig, weil es doch selbstverständlich sein sollte, etwas anderes zu versuchen, wenn etwas nicht funktioniert. Nun, erstaunlicherweise sind viele Menschen aber manchmal äußerst beharrlich in dem, was sie tun – auch wenn es absolut und ganz offensichtlich nicht funktioniert. Sie tun etwas, was ihnen unangenehm ist, immer auf dieselbe Art und Weise. Kennen Sie solches Verhalten nicht auch von sich selbst? Beispielsweise beim Streit mit dem Partner, beim Aufstehen, beim Autofahren? Im Grunde hat jeder Mensch einige seiner Handlungen so automatisiert, dass er nicht einmal dann auf die Idee kommt, sein Vorgehen zu verändern, wenn er erkennt, dass es ihm Nachteile bringt.

NLP unterstützt Sie dabei, alte, ineffektive Verhaltens- und Denkmuster zu erkennen und zu verändern. Indem Sie angefangen haben, dieses Buch zu lesen und mit den vorgeschlagenen Übungen zu experimentieren, haben Sie bereits einen Schritt dazu getan, etwas anderes als bisher auszuprobieren. Übrigens: Die letzte Grundannahme des NLP bezieht sich durchaus auch auf NLP selbst – ja sogar auf die Grundannahmen. Wenn sich bestimmte Techniken als ineffektiv herausstellen – probieren Sie andere. Sollte sich eine Grundannahme als unpraktisch erweisen – verändern Sie sie. Wenn etwas nicht funktioniert, versuchen Sie etwas anderes!

Mentale Anker

Eine der grundlegenden Techniken des NLP ist das Ankern. Im NLP ist es manchmal wichtig, bestimmte komplexe Gefühlszustände schnell abzurufen. Das ist keine einfache Sache, vor allem dann, wenn das Gefühl, das abgerufen werden soll, dem momentan aktuellen Gefühl völlig entgegengesetzt ist.

Mit der Ankertechnik geht das viel leichter. Das Ankern beruht darauf, dass wir ständig Verbindungen zwischen Ereignissen schaffen – auch zwischen Ereignissen, die erst einmal nichts miteinander zu tun haben.

Neue Auslöser für Reflexe

Stellen Sie sich folgendes Experiment vor: Der Versuchsleiter steht vor Ihnen und pustet mit einer Luftpumpe in unregelmäßigen Abständen etwas Luft auf Ihre Augen. Die natürliche Reaktion darauf ist ein automatischer Reflex, der Lidschlussreflex (der dazu dient, das Auge zu schützen). Nun nimmt der Versuchsleiter ein kleines Glöckchen, das er immer läutet, kurz bevor er Ihren Lidschlussreflex auslöst. Ein Glockenton hat natürlich mit dem Schließen Ihres Auges überhaupt nichts zu tun – und trotzdem: Wenn der Versuchsleiter nach einer Weile nur das

»Man bindet die Kuh fest, ehe man zu melken beginnt.« (Südafrikanisches Sprichwort)

Glöckchen läutet, ohne Luft auf Ihr Auge zu blasen, wird bei Ihnen ein Lidschlussreflex ausgelöst werden. (Wenn Sie das nicht glauben, können Sie dieses Experiment jederzeit mit jemandem durchführen.) Im NLP würde man sagen, dass ein Anker aufgebaut worden ist, mit dem der Reflex abgerufen werden kann. Das funktioniert aber nicht nur mit einfachen Reflexen, sondern ebenso mit Gefühlszuständen.

Glücksgefühle durch Positive Haltung

Sie haben in diesem Kapitel bereits einen solchen Anker kennen gelernt: die Positive Haltung. Dieser Anker ist nicht künstlich erzeugt, wie der Lidschlussreflex bei unserem Beispielexperiment, sondern ganz natürlich entstanden.

Positive Gefühle traten in der Vergangenheit meist gleichzeitig mit der Positiven Haltung auf. Bei intensiven Glücksgefühlen sind wir entspannter und atmen tiefer – die Positive Haltung ist aufrecht und entspannt und erleichtert die tiefe Atmung. Deshalb wird bei Glücksgefühlen die Positive Haltung bis zu einem gewissen Grad automatisch eingenommen.

Andererseits sind bei der Positiven Haltung Durchblutung, Organfunktionen und die Atmung besser – und dies wiederum führt zu positiven körperlichen Wahrnehmungen. Positive Haltung und Glücksgefühle verstärken sich also gegenseitig. Jedesmal, wenn positive Gefühle und Positive Haltung zusammen auftraten, wurde die Verbindung zwischen ihnen stärker – die Positive Haltung wurde immer mehr zu einem kraftvollen Anker.

Anker sind ein ganz natürlicher Mechanismus, den wir zu unserem Vorteil einsetzen können. Sie werden im Lauf dieses Buchs noch sehr viel über die Möglichkeiten von Ankern und deren Anwendung erfahren.

Die Struktur der Persönlichkeit

Wir erleben uns selbst in der Regel als Einheit. Ich bin ich. Dennoch kennt jeder von uns Situationen, in der diese Einheit nicht so einheitlich ist. Sicherlich haben Sie auch schon einmal innere Konflikte erlebt: Sie wollten etwas und wollten es gleichzeitig nicht. Oder Sie haben etwas erreicht und sind gleichzeitig doch unglücklich.

Im neurolinguistischen Programmieren hat sich eine Modellvorstellung als ausgesprochen praktisch erwiesen, die eine Person als das Ergebnis der Zusammenarbeit verschiedener »Teile«, »Teilpersönlichkeiten« oder »Subpersönlichkeiten« betrachtet.

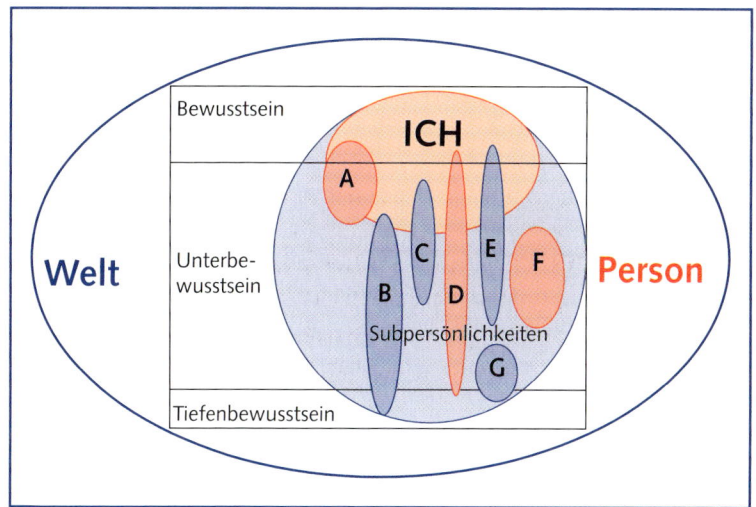

Die Persönlichkeit besteht aus Bewusstsein, Unterbewusstsein und Tiefenbewusstsein. Subpersönlichkeiten sind Handlungsmöglichkeiten oder Bestrebungen, die in allen diesen Bereichen wirken (siehe Seite 33).

Das Ich sind viele

Sie können sich das wie eine kleine Firma vorstellen: Die Gesamtpersönlichkeit mit all ihren Bestrebungen, Wünschen, Problemen und Träumen ist die Firma, das Ich ist der Chef und die Subpersönlichkeiten sind die Angestellten.

Im Gegensatz zu so mancher realen Firma haben aber alle diese Angestellten immer das Wohl der Firma zum Ziel – die Firma ist ja, noch weitaus mehr als bei den berüchtigten japanischen Angestellten, ihr ganzes Leben; sie sind ein Teil der Firma.

Bei innerer Zerrissenheit – verhandeln

Diese Sichtweise hat einige wichtige Vorteile. Wenn wir uns beispielsweise von einem inneren Konflikt zerrissen fühlen, ist es nicht leicht, einen Ausweg zu finden. Wir können uns nur für das eine oder andere entscheiden. In dem Firmamodell stellt sich der Konflikt anders dar: Zwei Angestellte (Subpersönlichkeiten) wollen auf unterschiedliche Art und Weise etwas für die Firma (unsere Person) tun. Wir können nun herausfinden, was die Angestellten genau tun und an welcher Stelle sie nicht übereinstimmen; wir können zwischen ihnen vermitteln, ihnen die positiven Absichten des anderen klarmachen und sie zu einer sinnvolleren Zusammenarbeit bewegen.

»Lasset uns das heilige Mysterium einer Persönlichkeit mit Achtung behandeln! Rennet nicht ehrfurchtslos in eines Menschen innerstes Heiligtum!«
(Thomas Carlyle)

Zu tragfähigen Entschlüssen kommen

Das Ergebnis einer solchen Verhandlung ist ein völlig anderes, als wir es durch eine Entscheidung durch Willenskraft bei einem inneren Konflikt erreichen können. Um noch einmal das genannte Firmamodell zu bemühen: Die Firma wird leistungsfähiger, wenn alle Angestellten optimal zusammenarbeiten.

In einigen NLP-Techniken werden Sie die praktische Anwendung dieses Modells genauer kennen lernen. Wenn Ihnen diese Vorstellung von Subpersönlichkeiten nicht einleuchten sollte oder unangenehm ist, wollen wir Ihnen noch einmal versichern: Es handelt sich um ein Modell, wir behaupten ja nicht etwa, dass »kleine Männchen« in Ihrem Kopf sitzen! Statt »Teile« oder »Subpersönlichkeiten« können Sie natürlich auch »Handlungsmöglichkeiten« oder »Bestrebungen« sagen. Das Modell arbeitet aus ganz praktischen Gründen mit der Vorstellung von Persönlichkeiten: Eine Persönlichkeit können sich die meisten Menschen besser vorstellen als eine Bestrebung.

Widerstreitende Gedanken und Empfindungen sind wohl jedem bekannt. Die Aufteilung in Subpersönlichkeiten hat nichts mit krankhafter »Persönlichkeitsspaltung« zu tun, sondern ist ein wertvolles Arbeitsmittel, um bei innerer Zerrissenheit seine Kräfte wieder zu bündeln.

Personale Integration

Die Personale Integration (PI) ist eine von den Autoren dieses Buchs erarbeitete Weiterentwicklung des NLP, die von dem Subpersönlichkeitsmodell besonders intensiv Gebrauch macht. Vor allem dann, wenn es darum geht, tief in unterbewusste Strukturen oder gar zum Tiefenbewusstsein (der Teil des Geistes, der mit körperlichen Abläufen in direkter Verbindung steht) vorzudringen, zeigen sich die besonderen Möglichkeiten der Personalen Integration.

Das eigene Potenzial ausschöpfen

Das vorrangige Ziel der Personalen Integration besteht darin, eine optimale Zusammenarbeit aller wirksamen Subpersönlichkeiten herzustellen (zu integrieren) und damit das volle Potenzial der Person zu verwirklichen.

Einige Techniken, die Sie in den Praxiskapiteln kennen lernen werden, stammen aus der Personalen Integration und sind mit »PI« vor der Bezeichnung der Methode gekennzeichnet. Hier wollen wir Ihnen nur noch kurz die Vorannahmen und das Modell der Persönlichkeit, das der Personalen Integration zugrunde liegt, vorstellen.

Die Struktur des Unterbewusstseins

Das Modell (siehe Grafik Seite 31) wirft ein Licht auf die Struktur des Unterbewusstseins und macht Phänomene wie innere Konflikte, psychosomatische Störungen, Intuition, Kreativität oder Träume begreifbarer. Seine Anwendung kann tief greifende Veränderungen auslösen. Dies sind die wichtigsten Vorannahmen der PI:

● Die Persönlichkeit ist das Ergebnis der Bestrebungen einer Anzahl von Subpersönlichkeiten (SPs).

● Das Bewusstsein erreichen nur einige SPs (A, D, E).

● Das Ich, der Charakter, hat Teil am Bewusstsein und am Unterbewusstsein – es wird also von mehr SPs, als bewusst werden, beeinflusst.

● Einige SPs (F, G) erreichen das Ich nicht und beeinflussen auf direktem Weg ausschließlich das Unterbewusstsein – doch sie beeinflussen andere SPs, die das Ich erreichen.

● Einige SPs (B, D, G) kommunizieren mit dem Tiefenbewusstsein, das körperliche Funktionen steuert.

Das Modell der Subpersönlichkeiten erscheint auf den ersten Blick vielleicht mysteriös und recht kompliziert. Es hat aber nicht den Anspruch, eine philosophisch oder gar medizinisch »richtige« Erklärung für Geist und Seele zu sein, sondern ist eine bewährte Arbeitshypothese.

Die Etappenziele dieses Kapitels

● In diesem Kapitel haben Sie die Grundlagen des NLP kennen gelernt.

● Sie haben etwas über die »Programmiersprache« des Gehirns erfahren, in der alle unsere Gefühls-, Denk- und Verhaltensweisen programmiert sind.

● Sie kennen die einzelnen Repräsentationssysteme (visuell, auditiv, kinästhetisch, olfaktorisch, gustatorisch) und können für jeden Wahrnehmungskanal verschiedene Submodalitäten unterscheiden.

● Sie haben die zehn Grundannahmen des NLP kennen gelernt.

● Sie haben erfahren, was man im NLP unter Ankern versteht.

● Sie haben das Subpersönlichkeitenmodell kennen gelernt, mit dem Sie zahlreiche psychische Phänomene erklären können.

**Ziele
verwirklichen**

Was man will und wie man es erreicht

Wenn man sein Ziel nicht kennt, dürfte es ziemlich schwierig werden, es zu erreichen. Je besser Sie Ihre Ziele kennen und je mehr Sie sich Ihrer Ziele bewusst sind, desto leichter werden Sie Ihre Ziele erreichen. Also: Um ein Ziel effektiv zu erreichen, müssen Sie es möglichst genau kennen. Das klingt so selbstverständlich – doch viele Menschen können dennoch nicht ohne weiteres ein klares Ziel benennen, das sie augenblicklich verfolgen.

»Wer vom Ziel nicht weiß, kann den Weg nicht haben.« (Christian Morgenstern)

Zunächst Klarheit gewinnen

Die Klarheit eines Ziels ist von größter Wichtigkeit – denn wenn Ziele wirklich klar sind, wird auch deutlich, ob es befriedigende, erfüllende Ziele sind, Ziele, die es wert sind, erreicht zu werden. In diesem Kapitel wird es daher zunächst darum gehen, Ihnen zu zeigen, wie Sie sich mit NLP Ihre eigenen, für Sie wirklich wertvollen Ziele setzen, die auf Ihren persönlichen inneren Werten gründen – und wie Sie Ihre Ziele klar formulieren, so dass sie rational und emotional stimmig sind. Außerdem werden Sie erfahren, wie Sie Ihre »Mission«, Ihr Lebensleitziel, finden und wie sich dadurch Ihr Leben verändern kann.

Nehmen wir an, Sie haben ein oder mehrere wertvolle Ziele für sich gefunden. Damit ist es ja aber leider, wie Sie sicherlich aus eigener Erfahrung wissen, noch nicht getan. Sie müssen sich in Bewegung versetzen und handeln. Die Kraft, die Sie in Bewegung versetzt, ist Motivation. Schon ein wirklich wertvolles Ziel kann eine Motivation sein – aber oft reicht diese Motivation eben noch nicht aus.

Starke Motivation führt zum Handeln

Deshalb ist der zweite Schritt, die Zielmotivation zu verstärken. Wir wollen Ihnen zeigen, wie Sie sich mit NLP so stark motivieren, dass Sie von Ihrer Motivation in Bewegung versetzt werden und gar nicht anders können, als aktiv auf Ihr Ziel zuzugehen. Nun fehlt nur noch der dritte Schritt: das konkrete Handeln. Sie bewegen sich auf Ihr Ziel zu –

jetzt geht es um das »Wie«. Wie überwinden Sie Hindernisse, wie Ängste oder mangelndes Selbstvertrauen? Wie schaffen Sie sich neue Fähigkeiten und Kompetenzen? Wie sichern Sie sich die Unterstützung anderer Menschen bei Ihren Plänen? In diesem Kapitel geht es um Ihre Ziele. In den nächsten Kapiteln werden Sie dann die NLP-Werkzeuge kennen lernen, die Sie auf Ihrem Weg einsetzen können, um alle Hindernisse zu überwinden.

Dies ist die Reihenfolge, in der Wünsche wahr werden können:
- **Ein Ziel bestimmen**
- **Handeln wollen – Motivation**
- **Handeln**

Klare Ziele

Vielleicht haben Sie sich bereits einige für Sie wichtige Ziele gesetzt? Vielleicht suchen Sie aber noch nach Ihrem persönlichen befriedigenden Ziel? Wie auch immer – bevor wir uns mit konkreten Zielen befassen, wollen wir uns einmal ansehen, was eigentlich hinter befriedigenden Zielen steht: Ihre persönlichen Werte.

Ein Ziel wird dann erfüllend und befriedigend für Sie sein, wenn es mit Ihren Werten übereinstimmt. Der charakteristische Unterschied von Werten und Zielen besteht darin, dass Werte immer dynamisch sind – man kann einen Wert nicht erreichen, man lebt ihn. Ziele sind dagegen Stationen, an denen sich Werte besonders deutlich verwirklichen. Werte liegen unserem gesamten Handeln zugrunde; in allem, was wir tun, zeigen sich unsere Werte. Schon bei so alltäglichen Dingen wie einem Autokauf zeigt sich das: Jemand, für den der Wert »Schönheit« eine zentrale Rolle spielt, wird andere Fahrzeuge in Erwägung ziehen, als Menschen, denen Werte wie »Einfachheit«, »Individualität« oder »Sicherheit« wichtiger sind.

Obwohl Werte eine so wichtige Rolle spielen, fällt es vielen Menschen nicht so leicht, ihre Werte spontan zu benennen. Wissen Sie gut über Ihre Werte Bescheid?

Sich seiner Werte bewusst werden

Es gibt zwei Grundsituationen, in denen Sie sich Ihrer Werte besonders deutlich bewusst werden: bei Missachtung eines Werts und bei der Verwirklichung eines Werts. Wenn Mut ein wichtiger Wert für Sie ist, werden Sie bei einer Konfrontation mit Feigheit wahrscheinlich starke negative Emotionen empfinden – in einer Situation, in der Sie Mut beweisen konnten, werden Sie sich großartig fühlen.

Überprüfen Sie die Werte im Kasten unten auf ihre Bedeutung für Ihr Leben, indem Sie sich Situationen (assoziiert, also so, dass Sie emotional beteiligt und nicht nur Beobachter sind) ins Gedächtnis rufen, wo der betreffende Wert missachtet bzw. verwirklicht wurde. Wenn Sie für einen Wert sowohl starke negative Reaktionen bei seiner Missachtung als auch starke positive Reaktionen bei seiner Verwirklichung finden, spielt dieser Wert eine zentrale Rolle in Ihrem Leben.

»Wenn ein Kapitän nicht weiß, welches Ufer er ansteuern soll, dann ist kein Wind der richtige.« (Seneca)

Vieles bleibt vernachlässigt

Das Verdeutlichen der eigenen Werte kann sehr interessante Einsichten bringen: Vielleicht erkennen Sie, dass Sie einige Ihrer zentralen Werte in Ihrem Leben bislang vernachlässigt oder überhaupt nicht berücksichtigt haben. Das könnte eine Quelle von Unzufriedenheit, Leere oder sogar Krankheiten sein!

Natürlich können Sie die Liste unten durch weitere Werte ergänzen, die Ihnen noch einfallen. Vielleicht hat Ihnen das Werteerforschen schon eine Überraschung beschert?

Beispiele für Werte

- Abenteuer
- Aktivität
- Ansehen
- Begeisterung
- Bewegung
- Dienen
- Ehrlichkeit
- Einfachheit
- Einzigartigkeit
- Erfüllung
- Erkenntnis
- Fähigkeit
- Freiheit
- Freude
- Freundschaft
- Frieden
- Gemeinschaft
- Gerechtigkeit
- Glück
- Harmonie
- Herausforderung
- Humor
- Individualität
- Kreativität
- Lehren
- Leistung
- Lernen
- Liebe
- Macht
- Mut
- Ordnung
- Ruhm
- Schönheit
- Selbstständigkeit
- Sicherheit
- Spaß
- Spiritualität
- Toleranz
- Veränderung
- Verantwortung
- Wahrheit
- Weisheit
- Weltverbesserung
- Würde

Ihre wichtigsten Werte

Beim Stichwort »Werte« fallen einem oft zunächst Begriffe ein, die in gesellschaftlich verankerten Moralbegriffen wurzeln, z. B. »Üb immer Treu' und Redlichkeit ...«. Hier geht es aber um Ihre ganz persönlichen Wertvorstellungen, nicht um allgemein erwünschte.

Schreiben Sie sich nun Ihre fünf wichtigsten Werte auf, damit Sie sie klar vor Augen haben. Sie sollten auf jeden Fall fünf Werte ausfindig machen, die für Sie wichtig sind – aber Sie sollten sich vorerst auch auf diese fünf Werte beschränken, auch wenn die Wahl schwer fällt.

-
-
-
-
-

Überprüfen Sie, welche Ihrer Tätigkeiten (gegenwärtige, mögliche, vorgestellte) welche Werte verwirklichen. Dabei können Sie ganz methodisch vorgehen: Schreiben Sie Ihre wichtigen Werte nebeneinander, und Tätigkeiten oder Rollen, die Sie ausüben oder ausüben wollen, untereinander. Dann geben Sie jeder Tätigkeit für jeden Wert eine Note (1= sehr gut, 6= sehr schlecht), die ausdrückt, wie gut diese Tätigkeit den jeweiligen Wert verwirklicht. Auf Seite 39 finden Sie eine Tabelle, in der Sie Ihre Werte und Tätigkeiten eintragen können.

Schauen Sie sich dazu ein Beispiel an. Ein 36-jähriger Computerfachmann, verheiratet, eine Tochter, ermittelt die für ihn wichtigen Werte Harmonie, Ansehen, Liebe, Sicherheit und Spaß. Neben seinen Hauptrollen in Beruf und Familie untersucht er seine Tätigkeit als Vorstandsmitglied eines Sportvereins, seine Tätigkeit als begeisterter Musiker und sein Hobby Reisen auf die Verwirklichung seiner Werte.

Ein Fallbeispiel

Tätigkeiten/Werte	Harmonie	Ansehen	Liebe	Sicherheit	Spaß	Rang
Beruf	5	3	5	1	5	5
Familie	2	6	1	3	2	2
Vereinstätigkeit	3	2	4	3	3	3
Musik machen	2	3	1	4	1	1
Reisen	3	5	2	5	2	4

Die Auswertung

Offensichtlich verwirklicht in diesem Fall die berufliche Tätigkeit nur einen einzigen Wert gut: Sicherheit. Sein Hobby, die Musik, spielt dagegen eine weitaus wichtigere Rolle. Auch seine Tätigkeit im Verein und sein Familienleben verwirklichen seine Werte besser als sein Beruf. Dieses Ergebnis zeigt deutlich, dass die Arbeit eine Quelle der Unzufriedenheit sein wird.

Es ist also sinnvoll, nach Wegen Ausschau zu halten, die den Wert »Sicherheit« auf andere Weise verwirklichen oder Möglichkeiten zu suchen, auch die anderen Werte in seinen Beruf verstärkt einzubringen: Er könnte sich beispielsweise auf Musikcomputer und Programme spezialisieren (die Musik mit seinem Beruf verbinden), er könnte versuchen, seine Tätigkeit in der Computerbranche von zu Hause aus durchzuführen (mehr Zeit mit seiner Familie verbringen), oder eine eigene Firma gründen.

Wie verwirklichen Sie Ihre Werte?

Und wie sieht es bei Ihnen aus? Schreiben Sie Ihre zentralen Werte und Tätigkeiten in die folgende Tabelle, und bewerten Sie jede Tätigkeit, wie gut oder schlecht sie Ihre Werte verwirklicht.

In der Spalte »Rang« tragen Sie die Tätigkeit, die Ihre Werte am besten verwirklicht, mit 1 ein, die zweitbeste mit 2 usw. (Zählen Sie einfach die Noten jeder Zeile zusammen – je geringer der Wert ist, den Sie erhalten, desto eher erfüllt diese Tätigkeit Ihre Werte.) Markieren Sie außerdem Ihre Bestnoten. Nehmen Sie sich ausreichend Zeit, um sich mit Ihrer Liste zu befassen – es lohnt sich!

Wenn Ihre Werte im Alltag kaum repräsentiert sind, kann das natürlich zweierlei bedeuten: Entweder steht Ihr tägliches Leben wenig in Einklang mit Ihren inneren Überzeugungen, oder aber Sie sind Ihren tatsächlichen Werten noch nicht auf der Spur, sondern haben aufgelistet, was Sie glauben, das wertvoll sein müsste.

Tätigkeiten/Werte	Rang

Geld macht's möglich – oder auch nicht

Bevor wir Sie auf die Suche nach einem wirklich großen Ziel schicken, wollen wir Ihnen noch zwei kleine Übungen vorschlagen, die Ihnen mehr Klarheit über Ihre Ziele verschaffen. Wer hat noch nicht von einem Lottogewinn geträumt? Stellen Sie sich einmal vor, Sie hätten im Lotto gewonnen. Was würden Sie dann tun? Oder vielmehr, was würden Sie anders machen als jetzt?

So werten Sie aus

Wenn Sie anhand der Tabelle unten die Nummern Ihrer beiden Antworten zusammenzählen, haben Sie ein direktes Maß dafür, wie wichtig Geld für die Verwirklichung des jeweiligen Ziels wirklich ist. Ein Ziel, das Sie »wahrscheinlich doch nicht« anpacken würden, wenn Sie das Geld hätten, und das Sie gleichzeitig »eigentlich schon« ohne Geld erreichen könnten, bedarf offensichtlich nicht des Geldes. Würden Sie Ihr Ziel dagegen »ganz sicher« anpacken, wenn Sie das Geld hätten, aber ohne Geld wäre es »unmöglich« – dann ist Geld ein echtes Ziel.

Der Mythos vom Lebensglück durch einen Millionengewinn hält sich auch deshalb so hartnäckig, weil er von der Verantwortung für die eigene Zufriedenheit zu entbinden scheint.

Übung – der Lottogewinn

Nehmen wir an, Sie hätten eine Million Euro zur Verfügung. Schreiben Sie eine Liste mit den Dingen, die sich in Ihrem Leben verändern würden, und beantworten Sie dazu zwei Fragen:

● Wie sicher ist es, das ich das tun werde, wenn ich eine Million Euro zur Verfügung hätte?

1 Möglicherweise, wahrscheinlich aber doch nicht

2 Vielleicht

3 Wahrscheinlich

4 Ganz sicher

● Wäre es möglich, dasselbe auch ohne den Lottogewinn zu machen?

1 Ja, eigentlich schon

2 Wenn ich mich ein wenig bemühe

3 Kaum, nur unter größten Schwierigkeiten

4 Nein, es wäre unmöglich

Der eigene Nachruf

Die zweite Übung geht auf eine Idee des amerikanischen »Zeitmanagementpapstes« Stephen Covey zurück: Schreiben Sie, so makaber das vielleicht zunächst klingt, Ihren eigenen Nachruf – so, wie Sie ihn gern hören würden. Lassen Sie rechts und links einen großen Rand frei. Links schreiben Sie alle Tätigkeiten hinein, die viel Ihrer Zeit beanspruchen, aber nicht in Ihrem Nachruf auftauchen.

Rechts schreiben Sie auf, wo es noch fehlt – Gründe dafür, dass Ihr Nachruf zurzeit noch nicht der wäre, den Sie geschrieben haben. Und entwickeln Sie Ideen, das zu ändern.

Finden Sie Ihre Mission

»Das Denken für sich allein bewegt nichts, sondern nur das auf einen Zweck gerichtete und praktische Denken.« (Aristoteles)

Äußerst erfolgreiche Menschen haben nicht nur Ziele, sie haben eine »Mission«, eine Berufung, ein Lebensleitziel. Es spielt dabei keine Rolle, wie diese Menschen Erfolg definieren; eine Mission kann ein religiöses und humanitäres Lebensleitziel sein, wie bei Mutter Teresa oder Albert Schweitzer, ein künstlerisches, wie bei dem Regisseur Steven Spielberg oder dem Maler Pablo Picasso, oder auch ein technologisch-kreatives, wie bei Bill Gates, dem Gründer von Microsoft.

Diese Menschen sind nicht unbedingt begabter, talentierter, intelligenter, willensstärker oder haben einfach mehr Glück gehabt als andere. Es ist ihnen vor allem gelungen, all ihre Kräfte auf ihr Ziel hin zu bündeln. Und genau das ist es, was eine Mission ausmacht: Eine Mission ist das Zusammenspiel aller Werte, Überzeugungen, Interessen, Wünsche und Ziele eines Menschen. Eine Mission verleiht ein starkes Zielbewusstsein, eine Identität, Entschlossenheit, Sehnsucht und Begeisterung. Kurz: Eine Mission, ein Lebensleitziel, ist der Königsweg zum Erfolg!

Dem Leben eine Richtung geben

Den meisten Menschen fehlt ein solches Lebensleitziel. Sie haben keine Mission. Sie haben einen Beruf, eine Arbeit, einen Job – das, was sie tun müssen –, und sie haben ein Privatleben, in dem sie versuchen, das zu tun, was sie wirklich wollen, indem sie ihre Werte verwirklichen. Erinnern Sie sich noch an das Beispiel des Computerfachmanns? In seinem Fall konnte er durch seinen Job nur einen einzigen Wert verwirklichen: Sicherheit. Und doch widmete er den größten Teil seiner Zeit dieser

Tätigkeit. Vielen Menschen geht es so. Aber nicht allen: Jene Menschen, die wirklich erfolgreich sind (nach ihren eigenen Kriterien, nicht nach denen anderer!), ist es gelungen, ihrem Müssen und Wollen dieselbe Richtung zu geben.

Sie trennen nicht zwischen Arbeit und Spaß – sie tun, was ihnen Erfüllung bringt, und sind deshalb mit ganzem Herzen dabei und daher auch erfolgreich.

Menschen mit einer großen Begabung wie z. B. hoch talentierte Musiker werden oft darum beneidet, ihre »Mission« offenbar eindeutig vor Augen zu haben. Die meisten Lebensleitziele werden aber nicht durch angeborenes Talent, sondern durch Begeisterung und Überzeugung erfolgreich angestrebt.

Träume endlich verwirklichen

Es dürfte mittlerweile klar sein, was wir Ihnen sagen wollen: Das Beste, was Sie tun können, ist, Ihr Lebensleitziel, Ihre Berufung, Ihre Mission ausfindig zu machen. Ein Beruf, eine Arbeit, ein Job allein ist nicht gut genug für Sie!

Unsere Erfahrung sagt uns, dass Sie zunächst einmal wahrscheinlich sagen werden: »Schön und gut – das klingt ja alles sehr richtig. Aber doch nicht für mich! Dieses Ziel ist viel zu hoch gesteckt. Das kann ich nicht.« Unsinn! Selbstverständlich können auch Sie Ihre Mission finden. Sie haben natürlich die Wahl: Sie können so weitermachen wie bisher, wenn Sie das möchten, oder Sie können Ihrem Leben eine Richtung geben und Ihre Träume verwirklichen.

Natürlich wollen wir Ihnen das nicht einfach so mitteilen und Sie dann damit allein lassen. Wir werden Ihnen auch zeigen, wie Sie Ihre Mission finden können. Dazu werden wir Ihnen auf der nächsten Seite eine wichtige Übung vorstellen. Nehmen Sie sich für die Suche nach Ihrer Mission ausreichend Zeit – es lohnt sich!

Größenwahn entmutigt nur

Eine Mission kann groß, ja überlebensgroß und gigantisch sein – aber sie darf niemals entmutigend werden. Eine Mission ist nicht etwas, was Sie unbedingt erreichen können, sondern etwas, was Ihrem Leben Sinn und Ziel gibt, was Sie auf Ihrem Lebensweg leitet und all Ihre Werte, Interessen und Wünsche bündelt.

Eine Mission ist also etwas, das Sie sicherlich mit großem Gewinn für sich erreichen können – und wenn Sie wirklich erfolgreich in Ihrem Leben sein wollen, finden müssen! Begeben Sie sich auf die spannende Suche nach Ihrer ganz persönlichen Mission. Die folgende Übung hilft Ihnen dabei.

Übung – die Suche nach Ihrer Mission

● *Werte und Träume:* Sehen Sie sich noch einmal Ihre zentralen Werte an. Was könnte theoretisch alle Ihre Werte verwirklichen? Setzen Sie sich hier keine Grenzen – träumen Sie! Möchten Sie Raumfahrer, Dirigent, Königin, Präsident, Chef einer großen Firma, Erfinderin werden? Wollen Sie bedrohte Tierarten retten, leidenden Menschen helfen, den Hunger in der Welt besiegen? Schreiben Sie eine Liste mit den Aktivitäten auf, von denen Sie träumen und die Ihre Werte verwirklichen.

● *Fähigkeiten und Erfüllung:* Überlegen Sie, was Ihnen in Ihrem bisherigen Leben tiefe Erfüllung verschafft hat. Wenn Sie etwas gefunden haben, versuchen Sie, vor Ihrem inneren Auge einen Film ablaufen zu lassen, in dem Sie diese Situation und die positiven Gefühle noch einmal durchleben: Versetzen Sie sich selbst in diesen Film, lassen Sie die Farben leuchten, und fügen Sie eine dazu passende schöne Musik hinzu. Schreiben Sie die Situation auf.

● *Was Sie alles können:* Machen Sie eine Liste mit Ihren Fähigkeiten. Schreiben Sie alles auf, was Ihnen einfällt – jede Fähigkeit zählt: Unterstreichen Sie die Fähigkeiten, die Sie in den Situationen eingesetzt haben, die Sie unter Punkt 2 aufgeführt haben.

● *Fähigkeiten und Träume:* Schreiben Sie Fähigkeiten auf, die Sie bräuchten, um auf die Traumziele, die Sie unter Punkt 1 aufgeführt haben, zugehen zu können. Welche dieser Fähigkeiten haben Sie unter Punkt 3 aufgeführt? Rahmen Sie diese Fähigkeiten ein.

● *Hilfe vom Unterbewusstsein:* Lassen Sie sich nun von Ihrem Unterbewusstsein dabei helfen, Ihre Mission zu finden. Formulieren Sie einen Leitsatz, der Ihre Mission beschreibt.

● *Ein Leitsatz für die Mission:* Ein solcher Leitsatz fasst Ihre »Bestimmung« in einer prägnanten Weise zusammen; z. B.: »Ich finde Erfüllung durch meine Familie. Indem ich das Glück meiner Lieben fördere, öffne ich die Quelle meiner Kraft.« oder »Ich bin ein wichtiger Teil der Menschheit. Etwas Bleibendes zu hinterlassen, verschafft mir Erfüllung.« oder »Ich bin Künstler. In der Vervollkommnung meiner Kunst finde ich meine Größe.« oder …

Wenn Sie einen Leitsatz gefunden haben, sprechen Sie ihn ein paar Mal laut aus. Vielleicht spüren Sie nun ein tiefes, warmes, vibrierendes, beglückendes Gefühl in Ihrem Inneren – ein sicheres Zeichen dafür, dass Sie bereits auf dem besten Weg zu Ihrer Mission sind.

Nicht immer auf Anhieb ein Treffer

Sollten Sie jetzt beim ersten Durchgang noch kein überzeugendes Lebensleitziel gefunden haben, lassen Sie sich dadurch nicht gleich frustrieren. Sie können immer wieder einmal zu dieser Übung zurückkehren. Im weiteren Verlauf dieses Buchs werden Sie noch viele neue Anregungen bekommen, eine Vielzahl interessanter Übungen machen und vertrauter mit der unglaublichen Kraft werden, die in Ihnen steckt – spätestens dann werden sicher auch Sie auf Ihre Mission, Ihr Lebensleitziel stoßen!

Die Gründer der Umweltschutzorganisation Greenpeace beispielsweise wussten wohl, dass sie ihr Lebensleitziel – eine Welt, in der die Menschheit die Natur nicht mehr zerstört – in ihrem Leben nicht erreichen würden. Doch zu welch enormen Leistungen hat sie ihre Mission dennoch angespornt: 1971 wurde Greenpeace in Vancouver gegründet – heute hat Greenpeace etwa fünf Millionen Mitglieder in über 150 Ländern und ist eine weltweit bekannte Organisation, die sicher ihren Teil zu einem ökologischen Bewusstseinswandel vieler Menschen beigetragen hat.

Die meisten unserer Ziele sind »fremdbestimmt« – wir tun eben, was wir müssen. Das sind dann »Zwänge«, unter deren scheinbar unausweichlichem Druck man eigene Ziele sträflich vernachlässigt.

Auf das Wie kommt es an

Die Beispiele, die wir bisher angeführt haben, zeigen deutlich, was Menschen mit einer Mission erreichen können. Doch eine Mission, ein Lebensleitziel ist etwas ganz Privates und muss nicht unbedingt so gewaltige Dimensionen annehmen.

Wirklich glückliche, erfolgreiche Menschen gibt es in jedem Bereich des Lebens. Nicht das Was, sondern das Wie macht eine Mission aus. Ein Handwerker kann sich als Lebensleitziel setzen, seine Fähigkeiten zur Perfektion zu bringen, seine Kunden zufrieden zu machen und durch seine Freundlichkeit und Zuverlässigkeit bei ihnen beliebt und geachtet zu sein; die Mission einer Mutter kann sein, ihre Kinder zu glücklichen, selbstständigen, liebevollen und optimistischen Menschen zu erziehen. Ein Leitziel ist etwas, was Ihr Leben ungeheuer bereichern kann. Aber es ist natürlich nicht alles. Sie haben sicherlich viele kleinere Ziele, die Sie erreichen wollen – idealerweise dient ein Ziel zwar auch der Verwirklichung Ihrer Mission, aber das wollen wir nun erst einmal beiseite lassen und uns darauf konzentrieren, wie Sie Ihre Ziele, ob groß oder klein, effektiv erreichen.

Das Ziel hat eine Form

Wir haben es schon einmal angesprochen, aber es kann gar nicht oft genug gesagt werden, weil es so wichtig ist: Je besser Sie Ihr Ziel kennen, desto einfacher wird es Ihnen fallen, es zu erreichen. In der Regel denken Menschen natürlich, dass sie ihre Ziele durchaus gut kennen. In Wirklichkeit herrschen aber meist sehr ungenaue Vorstellungen über die Beschaffenheit eines Ziels. Im NLP ist die genaue Zielbestimmung von größter Bedeutung. Da die Veränderungen, die durch NLP herbeigeführt werden können, oft sehr weit reichend sind, ist es wichtig, genau abzuklären, ob das angestrebte Ziel wirklich das ist, was erreicht werden soll. Deshalb steht vor jeder NLP-Intervention eine genaue Zielbestimmung. Dabei wird das Ziel so klar dargestellt, dass der Weg, der zum Ziel führt, bereits deutlich wird und auch mögliche Hindernisse berücksichtigt werden. NLP-Praktiker nennen ein Ziel, das klar beschrieben wird, ein wohlgeformtes Ziel oder Wellformed Outcome.

»Die Notwendigkeit schafft die Form.« (Wassily Kandinsky)

NLP-Methode – Wellformed Outcome

Anwendung: Zielbestimmung

1. Was ist das Ziel?

Konkret, keine Negation, kein Vergleich, Zeitrahmen, Eigenkompetenz

2. Welche Werte verwirklicht das Ziel?

3. Was sind die Merkmale des Zielzustands?

Aktivitäten, Gefühle und sinnesspezifische Repräsentationen

4. Was hat sich durch das Erreichen des Ziels im Leben verändert?

5. Was ginge durch das Erreichen des Ziels eventuell verloren?

Negative Konsequenzen, Ausnahmen

6. Welche Ressourcen sind zum Erreichen des Ziels nötig?

Positive Erfahrungen, Kenntnisse, Fähigkeiten

7. Was ist der Grund dafür, sich nicht jetzt, sofort, auf den Weg zum Ziel zu machen?

Ziele formen – Schritt für Schritt

In den Übersichten der NLP-Methoden (wie hier Wellformed Outcome) werden wir immer das Wesentliche zusammenfassen – und dann, damit das Ganze nicht zu abstrakt bleibt, die einzelnen Schritte genau erklären.

Damit Sie sich wirklich konkret vorstellen können, wie Sie beim Wellformed Outcome vorgehen, wollen wir hier als Beispiel die Zielsetzung: »Ich will Klavier spielen können« nehmen. Aber Sie sollten auch gleich ein für Sie persönlich wichtiges Ziel definieren.

Es ist gar nicht so einfach, ein Ziel positiv zu formulieren. Den meisten Menschen scheint spontan viel klarer, was sie nicht wollen, als das, was sie anstreben möchten.

Die Fragen zur Zielbestimmung

Die erste Frage

Was ist das Ziel? Die erste Zielsetzung ist in der Regel noch zu wenig konkret. Was bedeutet im Beispiel »Klavier spielen können«? Ein Rachmaninow-Konzert oder eine Tonleiter? Wenn Sie Ihr Ziel nicht konkret benennen, können Sie folglich niemals feststellen, ob Sie es auch erreicht haben!

Wichtig ist es auch, dass Sie Ihr Ziel positiv formulieren, also z. B. nicht sagen »Ich will nicht so viel essen« – damit machen Sie es sich selbst ziemlich schwierig, weil Sie immer das im Kopf behalten müssen, was Sie eben dort nicht mehr haben wollen. Besser wäre: »Ich will abnehmen.« Noch besser ist: »Ich werde abnehmen«, denn Sie wollen ja nicht nur den Wunsch haben, etwas zu erreichen, sondern es tatsächlich erreichen!

Nur nicht vergleichen

Ein weiterer Fehler, der beim Zielformulieren oft auftritt, sind Vergleiche. Wenn Sie z. B. sagen »Ich will selbstsicherer werden«, stellt sich die Frage: selbstsicherer als wer oder was? Meist ist gemeint, »selbstsicherer, als ich es jetzt bin« – womit wir beim gleichen Problem wie bei den negativen Formulierungen wären: Um feststellen zu können, ob Sie selbstsicherer werden, müssen Sie Ihr Bild von sich selbst als wenig selbstsicher im Kopf behalten.

Lassen Sie das lieber sein! Besser ist: »Ich werde selbstsicher werden.« Zu der Frage »Was ist das Ziel?« gehört auch der Zeitrahmen. Wenn Sie Ihr Ziel ohne einen Zeitrahmen (also wann Sie Ihr Ziel erreicht haben wollen) formulieren, sind Sie möglicherweise immer auf dem Weg zu Ihrem Ziel, kommen aber nie dort an. Wenn Sie heute sagen: »Ich will irgendwann einmal das Nordkap besuchen«, stimmt das auch noch in 50 Jahren. Sagen Sie: »Ich werde spätestens bis zum Jahr X das Nordkap besucht haben«, können Sie nach zwei Jahren feststellen, ob Sie Ihr Ziel erreicht haben oder nicht. Ganz wichtig ist schließlich, dass Sie Ihr Ziel durch eigene Kompetenz erreichen können; d. h. »Ich werde ... erreichen«, nicht: »Ich will, dass X ...«. Wenn Sie sich als Ziel setzen: »Ich will, dass mein Mann/meine Frau liebevoll zu mir ist«, geben Sie die Kontrolle aus der Hand. Sie können sich selbst verändern; Sie können sich auch als Ziel setzen, etwas zu tun, das die Wahrscheinlichkeit erhöht, dass ein anderer Mensch anders reagiert – aber Sie können nicht andere Menschen verändern! Also: Ein gutes Ziel muss erst einmal folgende Eigenschaften haben:

- Es muss konkret sein.
- Es muss positiv formuliert sein und darf außerdem keinerlei Vergleiche beinhalten.
- Es muss einen festen Zeitrahmen haben.
- Es muss durch eigene Kompetenz erreichbar sein.

Das Beispiel

In unserem Beispiel wäre eine gute Antwort auf »Was ist das Ziel?«: »Ich werde wenigstens vier kurze, leichte und bekannte Klavierstücke spielen. Ich werde diese Stücke wenigstens so gut spielen, dass auch meine musikalischen Freunde zufrieden sind. Ich werde dieses Ziel in zwei Jahren erreicht haben.«

In unserem Beispiel taucht ein Problem auf, das wir weiter unten noch genauer betrachten werden: Der Zeitrahmen von zwei Jahren ist zu groß. Das macht für die Zielbestimmung erst einmal nicht so viel aus. Das Ziel muss jedoch später in kleinere Abschnitte aufgeteilt werden, um schneller Feedback über den Erfolg zu bekommen. Im NLP heißt das »Chunking« – »in Stücke aufteilen«.

Die zweite Frage

Welche Werte verwirklicht das Ziel? Natürlich verwirklicht jedes Ziel, das Sie sich setzen, irgendeinen Ihrer Werte. Dennoch ist es äußerst wichtig, dass Sie sich bewusst machen, welche Werte ein bestimmtes

»Der Weg zur Hölle ist mit guten Vorsätzen gepflastert« sagt der Volksmund und drückt damit recht deutlich aus, was von vagen Plänen ohne exakte Zielbestimmung zu halten ist.

Ziel verwirklicht. Denn wenn Ihnen das einleuchtet, wird Ihnen eventuell klar, dass das gesetzte Ziel Ihre Werte möglicherweise nicht besonders effektiv repräsentiert.

So legt die Werbung beispielsweise nahe, dass Sie durch den Kauf bestimmter Dinge – z. B. ein nobles Auto – Ansehen gewinnen. Ansehen ist ein Wert, der für sehr viele Menschen eine wichtige Rolle spielt; die Werbung wirkt also, weil sie die Verwirklichung eines Werts verspricht. Das wird natürlich nicht ausdrücklich gesagt und wird nicht (oder kaum) vom Bewusstsein wahrgenommen. Wenn Sie nun ein Auto kaufen wollen und sich bewusst sind, dass Sie dies tun, um Ansehen zu gewinnen, kommt Ihnen möglicherweise in den Sinn, dass es zahlreiche andere, womöglich weitaus effektivere Wege gibt, diesen Wert zu verwirklichen.

Das Beispiel

In unserem Beispiel hieße es: »Durch das Klavierspielen werden mehrere meiner zentralen Werte verwirklicht: Schönheit, Ansehen, Herausforderung und Spaß.« Es zeigt sich, dass hier sogar mehrere lohnende Werte durch das Ziel erreicht werden können.

Die dritte Frage

Was sind die Merkmale des Zielzustands? Nun ist immerhin schon bestimmt, was genau als Ziel angesehen wird. Jetzt wollen wir klären, wie Sie feststellen können, ob Sie Ihr Ziel erreicht haben. Auch diese Frage scheint zunächst einmal leicht zu beantworten. Im NLP wollen wir es aber ganz genau wissen – das Ziel soll in absoluter Klarheit im Bewusstsein und im Unterbewusstsein verankert werden.

Machen Sie sich dazu erst einmal klar, welche Aktivitäten Sie genau ausführen, wenn Sie Ihr Ziel erreicht haben. Was tun Sie in dem Moment, an dem Sie an Ihrem Ziel angekommen sind? Eine eng damit verbundene Frage ist: Welche Gefühle bewegen Sie in diesem Augenblick, da Sie Ihr Ziel erreicht haben?

Stellen Sie sich diesen Zielzustand möglichst genau, in allen Einzelheiten, vor. Denken Sie dabei an die sinnesspezifischen Repräsentationen (VAKOG: welche visuellen, auditiven, kinästhetischen, olfaktorischen und gustatorischen Eindrücke sind mit dem angepeilten Zielzustand verbunden?).

Ganz wichtig ist die realistische Einschätzung, welche Werte tatsächlich durch Erreichen des Ziels verwirklicht werden. Viele mit großem Einsatz begonnene Vorhaben werden auf halber Strecke aufgegeben, weil das Ziel nicht hält, was es zu versprechen schien.

Das Beispiel

In unserem Beispiel könnte die Antwort lauten: »Ich spiele bei einem privaten Fest mit guten Freunden zwei Stücke vor. Ich höre den Klang des Instruments, die Stimmen meiner Freunde, sehe die Tastatur, die Noten, die Zuhörer. Ich fühle mich großartig und freue mich, etwas Schönes zum Fest beizutragen. Ich höre meinen ersten Applaus und bin stolz auf mich.«

Die vierte Frage

Was hat sich durch das Erreichen des Ziels im Leben verändert? Ein Ziel, das überhaupt nichts Neues in Ihr Leben bringt, ist es wohl kaum wert, irgendwelche Mühe dafür aufzuwenden. Machen Sie sich klar, was sich in Ihrem Leben verändert haben wird, wenn Sie Ihr Ziel schließlich erreicht haben.

Möglicherweise bemerken Sie, wenn Sie sich diese Frage stellen, dass sich eigentlich gar nichts verändert – gerade Konsumziele sind oft nur so lange interessant, bis sie erreicht sind. Ändert sich durch den Kauf eines neuen Autos, eines neuen Fernsehers oder Computers wirklich etwas in Ihrem Leben? Das könnte natürlich durchaus der Fall sein – sehr oft ist es aber eben nicht so.

Das Beispiel

In unserem Beispiel: »Ich habe ein Hobby, das mir viel Freude macht; ich lerne ständig etwas Neues, das ich auch anwenden kann; ich habe einen sinnvollen musischen Ausgleich zu meinem anstrengenden Job und bin dadurch ausgeglichen und heiter.«

Die fünfte Frage

Was ginge durch das Erreichen des Ziels eventuell verloren? Eine sinnvolle Zielbestimmung sollte sinnvollerweise auch klarstellen, welche negativen Konsequenzen es hat, wenn Sie dieses Ziel anstreben. Machen Sie sich deshalb auch bewusst, was Sie entbehren oder verlieren, wenn Sie sich auf den Weg zu Ihrem Ziel begeben.

Ebenso wichtig ist es, dass Sie sich darüber klar werden, ob es Situationen gibt, in denen Sie das neue Verhalten/die neue Fähigkeit nicht gebrauchen können. Wenn Sie sich beispielsweise das Ziel setzen, energisch und standhaft zu sein, wird das in manchen Krisengesprächen mit

Dass man durch das Erreichen eines Ziels auch etwas verlieren kann, erfahren z. B. häufig ehrgeizige Berufstätige, die nach einem Sprung auf der Karriereleiter betroffen spüren, dass sie aus der Solidarität unter den ehemaligen Kollegen langsam ausgeschlossen werden.

Ihrem Chef möglicherweise Probleme geben. Fragen Sie sich auch, was Ihnen beim Erreichen des Ziels nicht mehr möglich wäre. Schieben Sie die Fragen nach den Schattenseiten Ihres Ziels nicht beiseite. Überlegen Sie sich mindestens drei negative Konsequenzen, auch wenn es Ihnen zunächst schwer fällt. Überlegen Sie dann, wie Sie mit diesen negativen Konsequenzen umgehen wollen.

Im NLP heißt diese Prüfung eventueller negativer Konsequenzen Eco-Check, denn er untersucht die Ökologie (die Neben- und Wechselwirkungen innerhalb des Ganzen) einer Veränderung.

Das Beispiel

In unserem Beispiel: »Ich habe weniger Zeit für andere Dinge. Meine Familie und meine Nachbarn werden sich möglicherweise durch das Üben gestört fühlen. Ich werde auch lernen müssen, mit Frustration fertig zu werden. Die Klavierstunden kosten Geld. Die Zeit und das Geld kann ich ohne weiteres aufwenden. Ich werde das Klavier im Keller aufstellen oder mir ein elektronisches Klavier kaufen. Mit den NLP-Techniken, die ich in diesem Buch lernen werde, werde ich auch lernen, mit eventuellen Frustrationen umzugehen.«

In unserem Beispiel besteht das Ziel darin, Klavier spielen zu können. Ganz gleich, welche persönlichen Wünsche Sie haben – mit der hier vorgestellten Technik können sie tatsächlich in Erfüllung gehen.

Die sechste Frage

Welche Ressourcen sind zum Erreichen des Ziels nötig? Um effektiv an Ihr Ziel zu gelangen, ist es wichtig, dass Sie sich Gedanken darüber machen, welche Ressourcen, also welche Fähigkeiten und Kräfte Sie dafür benötigen. Für jede Ressource, die Sie brauchen, suchen Sie am besten sofort die entsprechenden positiven Referenzerfahrungen, Kenntnisse und Fähigkeiten in Ihrem Leben.

Vergegenwärtigen Sie sich Ihre positiven Erfahrungen, verstärken Sie gegebenenfalls die positiven Gefühle durch Veränderungen der Submodalitäten (siehe Seite 16f.), und erleben Sie die positiven Referenzerfahrungen assoziiert (emotional voll beteiligt). Sammeln Sie alle Ressourcen, die Sie benötigen, und setzen Sie einen Anker – am besten mit einer charakteristischen Bewegung, z. B. indem Sie eine Faust ballen und über den Kopf strecken; wichtig ist, dass Sie für alle Ressourcen denselben Anker verwenden und der Anker für Sie positiv emotional besetzt ist. So können Sie sich später alle Ressourcen schnell wieder durch das Einsetzen dieses Ankers vergegenwärtigen.

Das Beispiel

Ressourcen in unserem Beispiel könnten sein: »Ich brauche:
- Freude an der Musik
- Etwas Geduld
- Die Fähigkeit, auch mal Nein zu anderen Aktivitäten sagen zu können, wenn ich Klavier üben will.«

Die siebte Frage

Was ist der Grund dafür, sich nicht jetzt, sofort, auf den Weg zum Ziel zu machen? Das ist die abschließende Frage, die Ihnen zeigt, ob Sie wirklich bereit für Ihr Ziel sind, oder ob es noch etwas zu klären gibt, bevor Sie sich auf den Weg machen.

Beispielsweise könnte Ihnen im Verlauf dieser Wellformed-Outcome-Technik klar geworden sein, dass Sie, bevor Sie sich auf den Weg zu diesem Ziel machen, erst einmal an den dafür wichtigen Ressourcen arbeiten sollten.

Aber natürlich kann Ihnen auch klar geworden sein, dass Ihnen nach Abwägung aller Für- und Widersprüche tatsächlich nichts mehr im Weg steht und Sie nun beginnen sollten zu handeln.

Sagen Sie nicht gleich »Das kann ich nicht«, wenn Sie darüber nachdenken, welche speziellen Kräfte zur Erreichung Ihres Ziels nötig sind. In den meisten Fällen werden Sie in versteckten Winkeln Ihrer Erinnerung doch Situationen finden, in denen Sie die verlangten Fähigkeiten durchaus gezeigt haben.

Das Beispiel

In unserem Beispiel wäre die Antwort dann: »Es gibt keinen Grund, nicht jetzt schon damit zu beginnen, meinem Ziel entgegenzugehen. Ich werde mir noch heute einen Klavierlehrer suchen und mir die Noten der Stücke kaufen, die ich unbedingt lernen will.«

Klarheit stärkt die Motivation

Nun haben Sie Ihr Ziel klar formuliert. Wahrscheinlich haben Sie auch feststellen können, dass Sie nun tatsächlich viel mehr über Ihr Ziel wissen. Vermutlich sind Sie jetzt auch viel motivierter, Ihr Ziel anzugehen. Sie sehen also: Eine Zielbestimmung ist viel mehr als eine langweilige Definition und Formalität. Wenn Ihnen Ihr Ziel klar vor Augen steht, Sie sich darüber im Klaren sind, was sich in Ihrem Leben positiv verändern wird, wenn Sie Ihr Ziel erreicht haben, und Sie auch noch wissen, dass Sie Ihr Ziel mit Ihren Ressourcen erreichen können – dann sind Sie wirklich motiviert. Und Motivation ist, wenn Sie erst einmal wissen, wohin es genau gehen soll, das Wichtigste. Deshalb werden wir nun auch über Motivation sprechen – und natürlich auch darüber, wie Sie sich noch stärker motivieren können.

**»Jetzt bin ich wirklich neugierig, wer stärker ist, ich oder ich.«
(Johann Nestroy)**

Was den Geist bewegt

Das Wort »Motivation« oder »Motiv« spricht schon für sich; es kommt von dem lateinischen Wort für bewegen. Ohne Motivation bewegt sich nichts bzw. niemand. Ja, nicht nur das: Ohne Motivation kann niemand etwas tun. Es ist geradezu unmöglich, sich vorzustellen etwas zu tun, ohne dafür irgendeinen Grund zu haben – und sei er noch so abwegig oder unbewusst.

Je stärker dieser Beweggrund, dieses Motiv, ist, desto energischer und kraftvoller wird die Handlung sein, die es auslöst. Je stärker die Motivation ist, desto mehr Energien werden mobilisiert. Und je mehr Energie zur Verfügung steht, desto leichter wird das Handeln fallen.

Geld ist oft der Motor

Ein sehr häufiges Motiv ist Geld. Wenn wir Sie jetzt bitten, zweimal möglichst schnell um Ihren Block zu laufen, werden Sie uns diesen Gefallen höchstwahrscheinlich nicht tun. Wenn wir Ihnen 1000 Euro dafür bieten, werden Sie sich schon eher aufraffen können. Und wenn wir Ihnen für jede Sekunde, die Sie weniger als zehn Minuten brauchen, um die zwei Runden zu schaffen, 10 000 Euro bieten, werden Sie aller Wahrscheinlichkeit nach Ihre persönliche Bestzeit laufen. Leider kommt es eher selten, vielleicht sogar nie vor, dass einem ein solches Angebot gemacht wird.

Demgegenüber stehen allerlei lästige Dinge, die Sie mit wenig Motivation und daher großer Kraftanstrengung machen müssen, oder angenehmere Dinge, die Sie zwar gern tun würden, aber für die Sie nicht genügend Motivation haben, um in Bewegung zu kommen.

Die Motivation selbst beeinflussen

Wäre es nicht schön, wenn Sie selbst die Stärke Ihrer Motivation beeinflussen könnten? Dann wäre Ihnen praktisch alles möglich!

Und tatsächlich können Sie lernen, Ihre Motivation zu erhöhen, egal, um welches Ziel es sich handelt, sei es ein wirklich großes oder nur ein ganz kleines, wie beispielsweise endlich den Abwasch zu erledigen. Wie das geht, erfahren Sie in diesem Kapitel.

Doch zuvor noch ein paar wichtige grundsätzliche Bemerkungen zur Motivation. Es gibt zwei grundlegende Typen von Motivation, die Ihnen sicher vertraut sind.

Typ I – die Fluchtmotivation

Die häufigste Motivation ist Schmerz. Schmerz ist ein deutliches Signal für Veränderung. Diese Art von Motivation ist jedem Lebewesen »eingebaut« – selbst die primitivsten Lebensformen können zu blitzschnellen Fluchtreaktionen motiviert werden, wenn sie verletzt werden.

Die Fluchtmotivation ist aber auch im psychologischen Bereich die häufigste Motivationsform. Die meisten Menschen beginnen erst dann mit Veränderungen, wenn der augenblickliche Zustand zu unangenehm wird. Sie kennen das sicherlich: Wer beginnt schon mit einer Diät, wenn er schlank ist? Je unangenehmer das Gewicht wird, je mehr Hosen und andere Kleidungsstücke zwicken, desto stärker wird die Motivation abzunehmen.

Die Fluchtmotivation ist biologisch ungeheuer sinnvoll. Ohne Fluchtreaktion bei Schmerzen kann ein Organismus nicht überleben. Doch die Fluchtmotivation hat ein paar schwer wiegende Nachteile.

Seine Ziele konkret zu formulieren, fällt oft schon schwer genug. Die große Hürde, an der die reizvollsten Vorhaben scheitern, ist dann der Schritt zum Handeln. Was fehlt, ist die Motivation, der antreibende Kick, der einen in Bewegung setzt.

Zwar ist die Flucht-motivation überle-benswichtig, aber ihre Kräfte wirken un-gerichtet und können das Ziel verfehlen.

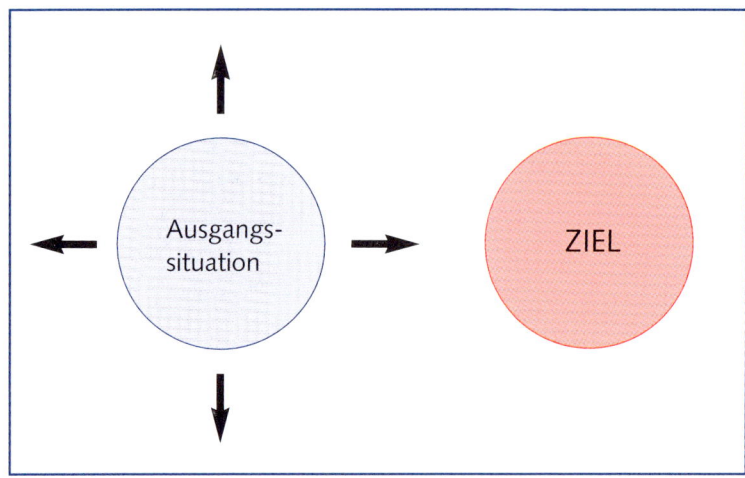

Nachteile der Fluchtmotivation

Der wichtigste Nachteil besteht darin, dass die Fluchtmotivation unge-richtet wirkt. Die Fluchtmotivation gibt einem die Kraft, sich von der Ausgangssituation fortzubewegen – aber wohin? Die Handlung, die eine Fluchtmotivation auslöst, führt oft in Situationen, die noch unan-genehmer sind als die Ausgangssituation. Das Paradebeispiel ist die Flucht in Drogen: Die Flucht aus dem unerträglichen grauen Alltag ist dann zwar gelungen, doch von einer Verbesserung kann wohl kaum die Rede sein. Ein weiteres Problem der Fluchtmotivation ist darin zu sehen, dass die Aufmerksamkeit auf das gelenkt wird, was unange-nehm ist. Die Energie, die diese Aufmerksamkeit benötigt, fehlt dann natürlich für positive Ziele.

Also halten wir fest: Die Fluchtmotivation kann sehr sinnvoll sein, vor allem, wenn es darum geht, überhaupt erst einmal etwas in Bewegung zu setzen – aber sie bringt auch Probleme mit sich.

Den Arbeitsplatz kündigen, eine Beziehung abbre-chen – dazu können sich die meisten bei aus-reichendem »Lei-densdruck« auf-raffen. Viel schwieriger als eine unangeneh-me Situation zu verlassen ist es, ausreichend moti-viert für ein positi-ves Ziel zu sein.

Typ II – die Zielmotivation

Der zweite Motivationstyp ist die Zielmotivation: Ein Ziel verspricht die Verwirklichung persönlicher Werte und wirkt wie ein Magnet. Ist der »Magnet« stark genug, zieht er einen unaufhaltsam an. Ist er nicht ganz so stark, erleichtert er immerhin die Bewegung und gibt Orientie-rung. Die Zielmotivation setzt einen gewissen Grad an Bewusstsein und Voraussicht voraus – man muss ja eine Vorstellung von den Vorzügen eines Ziels haben, um es als Ziel zu sehen. Auf psychologischer Ebene ist eine Zielmotivation in der Regel weitaus erfolgreicher als eine Fluchtmotivation.

Erstaunlicherweise ist das vielen, wenn nicht sogar den meisten Menschen gar nicht bewusst – was große Tragödien mit sich bringt: geprügelte Kinder, kranke Arbeitnehmer, denen mit Kündigung gedroht wird, Kriege, die Diktatoren maßregeln sollen. Interessant ist, dass dabei jemand (ein Kind, ein Angestellter, ein Diktator) zur Vernunft gebracht werden soll – mit ziemlich unvernünftigen Mitteln. In all diesen Beispielen motiviert die Strafe. Aber die Fluchtmotivation ist eben ungerichtet und daher ziellos. Ein Ziel zu setzen, ist auf Dauer gesehen sinnvoller und effektiver, als von etwas abzuschrecken.

Nicht immer überlegen

Ist also die Zielmotivation immer effektiver als die Fluchtmotivation? Nein, denn die Fluchtmotivation ist ein grundlegender biologischer Mechanismus und ist häufig sehr kraftvoll – und er benötigt weniger bewusste Tätigkeit und läuft daher weitaus schneller ab: Fassen Sie einmal eine heiße Herdplatte an, und Sie verstehen, was gemeint ist. Ein Nachteil der Zielmotivation ist ein gewisser Mangel an Flexibilität – ein Hindernis zwischen Ausgangssituation und Ziel führt häufig zum Zusammenbruch der Motivation; man verliert das Ziel aus den Augen.

Sie können einiges dafür tun, dass Ihre auf ein Ziel gerichtete Motivation nicht vorzeitig abdriftet – NLP bietet Ihnen Techniken und Übungen, mit denen Sie sich auf Kurs halten können.

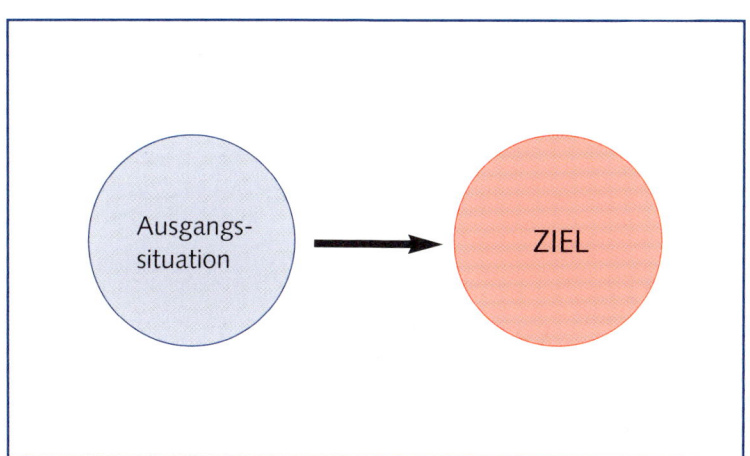

Die Zielmotivation hat den Vorteil, nur ihr Ziel vor Augen zu haben – und den Nachteil, auf unvorhergesehene Ereignisse nicht flexibel genug reagieren zu können.

Am stärksten im Doppelpack

Beide Formen von Motivation haben ihre Berechtigung; sie ergänzen sich gegenseitig. Deshalb ist es am sinnvollsten, wenn beide Motivationen gleichzeitig wirksam sind.

Das bedeutet: Nutzen Sie die Energie, die Ihnen eine Fluchtmotivation gibt, immer zunächst dafür, ein Ziel zu suchen. Bevor Sie sich von etwas weg bewegen, sollten Sie sich unbedingt klarmachen, wohin Sie sich bewegen wollen. Nehmen wir an, Sie wollen das Rauchen aufgeben – Sie wollen weg von Teer und Nikotin. Das ist sicher eine gute Fluchtmotivation, doch so lange Ihnen nicht klar ist, wohin Sie wollen (nicht Rauchen ist noch kein Ziel!), wird es Ihnen sehr schwer fallen, das Rauchen dauerhaft aufzugeben.

Es ist also notwendig, eine Fluchtmotivation mit einer Zielmotivation zu verknüpfen, wenn Sie wirklich effektiv und erfolgreich sein wollen.

> »Jede Handlung setzt ein Motiv voraus, aus dem sie mit Notwendigkeit erfolgt.«
> (Arthur Schopenhauer)

Der Fluchtmotivation Richtung geben

Eine solche Motivationsverknüpfung können Sie für jede konkrete Situation vornehmen. Aber Sie können auch eine dauerhafte Verknüpfung herstellen – eine solche Motivation könnten wir Gummibandmotivation nennen. Am Ziel ist ein mentales »Gummiband« befestigt, das Sie zu Ihrem Ziel hinzieht. Jede unangenehme Situation und jedes Hindernis sind die Auslöser für eine Fluchtmotivation – aber keine ungerichtete. Das »Gummiband« gibt sofort Orientierung und zielorientierte Energie – aber Sie bleiben flexibel. Das Gummiband in der Analogie entspricht der Redewendung »das Ziel im Hinterkopf behalten«. Das beste »Ziel«, an dem Sie Ihr mentales Gummiband befestigen können, ist eines, das Ihnen die Richtung für alle Ihre unterschiedlichen Ziele weist: Ihr Lebensleitziel – Ihre Mission.

Jetzt wird es Zeit, Ihnen auch praktische Hinweise darauf zu geben, wie Sie ein »mentales Gummiband« installieren, wie Sie Ihre Motivation verstärken und am sinnvollsten nutzen können.

Was Sie motiviert

Erinnern Sie sich noch an die NLP-Grundannahme, die besagt, dass jede Erfahrung eine Struktur hat? Das gilt auch für die Motivation. Wenn Sie die Struktur Ihrer Motivation kennen würden, könnten Sie feststellen, was einem Ziel oder einer Tätigkeit, die Sie nicht motiviert, fehlt – und möglicherweise das Fehlende hinzufügen. Tatsächlich bietet Ihnen NLP diese Möglichkeit. Wir wollen Ihnen zunächst eine Übung vorstellen, mit der Sie herausfinden können, welche Eigenschaften eine Tätigkeit, eine Situation oder ein Ziel haben muss, um Sie zu motivieren. Diese Eigenschaften sind Motivatoren.

Eine persönliche Spurensuche

Mit Hilfe der Übung auf Seite 58 können Sie Ihre Motivatoren finden und nun die Motivation für jedes beliebige Ziel verbessern. Da Sie jetzt wissen, was genau die Elemente Ihrer Motivation sind, können Sie mit diesen Elementen jedes innere Bild von einem Ziel anreichern – da Sie in der vorangegangenen Übung festgestellt haben, dass es genau die Qualitäten sind, die die Struktur Ihrer Motivation sind, wird jedes Bild, das diese Struktur hat, motivierend wirken. Mit dieser phantastischen Möglichkeit können Sie sich prinzipiell jede Tätigkeit erleichtern. Übrigens können Sie diese Methode auch einsetzen, um eine Fluchtmotivation zu verstärken – einfach, indem Sie die Motivatoren eines inneren Bilds abziehen, also die motivierenden Submodalitäten verändern: Das könnte beispielsweise sinnvoll sein, um einen Verlust weniger tragisch zu machen.

Wenn Sie eine lästige Gewohnheit ablegen oder eine unangenehme Lebenssituation ändern wollen, verknüpfen Sie Ihr Vorhaben mit einem positiven Ziel! Das verstärkt und erhält Ihre Motivation.

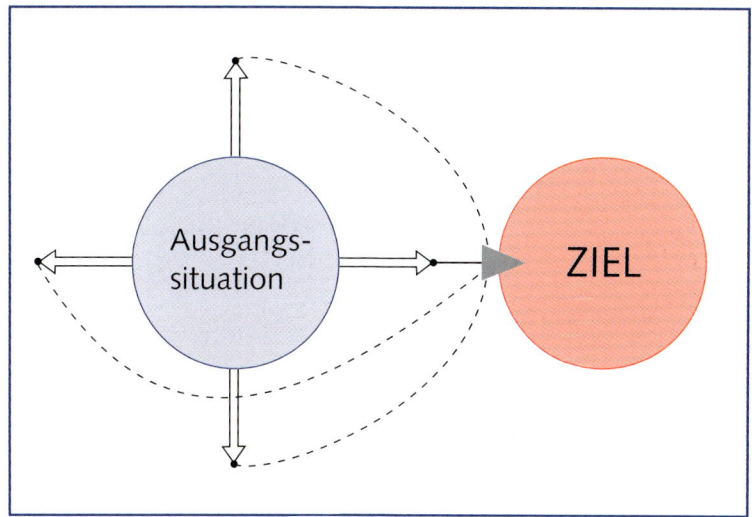

Die Kombination von Flucht- und Zielmotivation könnte man als Gummibandmotivation bezeichnen.

Übung – wie Sie Ihre Motivatoren finden

- Suchen Sie ein stark motivierendes Referenzerlebnis. Sie haben irgendwann in Ihrem Leben sicherlich schon einmal etwas getan, was anstrengend oder unangenehm war, und haben es trotzdem gern getan, weil Sie sehr motiviert waren, es zu tun – beispielsweise eine Party veranstaltet, für einen sportlichen Wettkampf trainiert oder eine längere Wanderung gemacht.
  Der Gedanke an das Ziel war damals eine starke Motivation für Sie. Rufen Sie sich diesen motivierenden Gedanken in Erinnerung – diese Erinnerung ist ein »Referenzerlebnis« für Sie: So fühlt sich Motivation für Sie an.

- Prägen Sie sich die Struktur dieser Erfahrung ein. Führen Sie sich Ihre Erinnerung als Film vor Ihrem inneren Auge vor. Achten Sie genau auf die verschiedenen Submodalitäten (siehe Seite 16f.): Welche Farben dominieren, wie hell ist das Bild, ist es statisch oder bewegt, welche Töne, Geräusche oder Stimmen sind damit verbunden usw.?
  Sehr wichtig ist, dass Sie dabei auch stets das positive Gefühl der Motivation haben (dass Sie den »Film« assoziiert erleben, also so, als ob Sie sich selbst mitten im Geschehen befinden) – wenn Sie dieses Gefühl nicht spüren, ist es offensichtlich nicht der Film eines motivierenden Referenzerlebnisses, sondern einer nur äußerlich nachkonstruierten (dissoziierten) Erfahrung. Versuchen Sie, sich das Gefühl der Motivation in Erinnerung zu bringen, und sehen Sie, was sich in Ihrem inneren Film dabei verändert.

- Kehren Sie ins Hier und Jetzt zurück (Separator State). Öffnen Sie die Augen, sehen Sie sich um, atmen Sie ein paar Mal tief durch. (Dieses Unterbrechen einer Visualisierung oder Erinnerung wird bei den meisten NLP-Techniken eingesetzt, um von einem intensiven Gefühlszustand in einen neutralen zu kommen. Im NLP heißt der neutrale Gefühlszustand »Unterbrecherzustand« oder englisch »Separator State«.)

- Suchen Sie ein neutrales Referenzerlebnis. Denken Sie jetzt an eine Tätigkeit, eine Situation oder ein Ziel, das keine positiven Gefühle bei Ihnen auslöst.

- Prägen Sie sich die Struktur der Erfahrung ein. Führen Sie sich wiederum einen inneren Film vor, und achten Sie genau auf die dazugehörigen Submodalitäten.

- Kehren Sie ins Hier und Jetzt zurück (Separator State).

- Vergleichen Sie die Struktur der beiden Referenzerfahrungen. Dies ist der entscheidende Punkt: Durch den Vergleich der Submodalitäten machen Sie Ihre Motivatoren ausfindig.
  Welche der Referenzen war heller, welche war farbiger, wie unterschieden sie sich in den vorherrschenden Farben, welche war bewegter, welche größer, wie unterschieden sie sich im auditiven und kinästhetischen Sinneskanal (oder auch im olfaktorischen/gustatorischen)? Halten Sie alle Unterschiede schriftlich fest.

- Testen Sie Ihre Motivatoren. Rufen Sie noch einmal die motivierende Referenz auf. Versuchen Sie, jeweils einen der Motivatoren, die Sie ermittelt haben, zu verändern. Wenn daraufhin das Motivationsgefühl zusammenbricht, ist der betreffende Motivator als solcher bestätigt. Ändert es nichts, handelt es sich um keinen echten Motivator.

Durchhalten ist nicht immer leicht

Einige Motivatoren sind anscheinend bei fast allen Menschen gleich: So sind motivierende innere Bilder in der Regel heller und farbiger als nicht motivierende. In der folgenden Übung wollen wir einmal mit Ihnen durchgehen, wie Sie vorgehen können, um Ihre Motivation für ein Ziel zu erhöhen. Mit einer solchen Motivationsverstärkung können Sie bereits einiges erreichen.

Eine gute Motivation bringt Sie in Gang, aber mitunter kommt es dann vor, dass die Motivation allmählich nachlässt. Das Ziel ist noch nicht erreicht und noch ein ganzes Stück weit entfernt. Der Tatendrang schläft ein. Psychologen nennen das Frustration – das Nichterreichen eines gesetzten Ziels ist eine Enttäuschung. Wenn man nun fortwährend enttäuscht wird, wird allmählich der Gedanke an das Ziel mit einem negativen Gefühl (der Enttäuschung) verbunden – das Ziel erscheint weniger attraktiv, die Motivation sinkt auf den Nullpunkt.

In dem Abschnitt über die Grundsätze des NLP (siehe Seite 18) haben wir schon etwas Entscheidendes dazu gesagt: Es ist wichtig für Sie zu lernen, dass es kein Scheitern gibt, sondern nur Feedback. Das ist natürlich zu grundsätzlich, um unmittelbar hilfreich zu sein. Praktisch angewandt kann das so aussehen: Sie machen es sich leichter, indem Sie mögliche Frustrationen so klein halten, dass sie zwar als Wegweiser dienen, aber nicht demotivierend wirken.

Große Pläne brauchen oft viel Zeit zur Verwirklichung. Teilen Sie sich die lange Wegstrecke zum Ziel in überschaubare Abschnitte auf.

Ziele häppchenweise anstreben

Erinnern Sie sich noch an die NLP-Technik zur Zielbestimmung, Well-formed Outcome? In unserem Beispiel war das Ziel, Klavierspielen zu lernen. Wir haben dabei auf ein Problem mit dem Zeitrahmen hingewiesen: Die Zielbestimmung war sehr gut definiert und klar – doch der Zeitraum von zwei Jahren einfach zu groß.

Nun dauert es aber bei vielen Zielen so lang oder noch länger, bis sie erreicht sind. Es kann ja wohl kaum sinnvoll sein, sich vorzunehmen, in einer Woche Klavierspielen zu lernen. Natürlich – deshalb haben wir die Zielbestimmung auch mit dem Beispiel fortgesetzt.

Doch um die Motivation nicht im Lauf der Zeit sinken zu lassen, bedarf es eines zusätzlichen Tricks. Dieser Trick ist ganz einfach und bei jedem Ziel, das Sie nicht in kürzester Zeit erreichen können, sinnvoll: Teilen Sie Ihr Ziel in Teilziele auf.

Übung – mit Submodalitäten die Motivation verstärken

Das Ziel und den Weg dorthin mit allen Sinnen auszumalen, kann genau den kräftigen Anschub geben, der eventuell noch fehlt, um wirklich endlich aktiv zu werden.

● Suchen Sie sich ein Ziel. Es sollte heute oder morgen erreichbar sein. Für die Übung ist es auch sinnvoll, wenn Sie bereits ein wenig für dieses Ziel motiviert sind – aber so, dass Ihre Energie noch nicht ganz ausreicht, um das Ganze mit Elan und Freude anzupacken.

● Machen Sie sich ein Bild von dem Ziel und dem Weg dorthin. Wie in der vorigen Übung versuchen Sie, vor Ihrem inneren Auge einen Film ablaufen zu lassen, der Sie zeigt, wie Sie auf Ihr Ziel zugehen und es erreichen.

● Verändern Sie zentrale Submodalitäten. Visuell: Helligkeit und Buntheit – versuchen Sie, Ihren inneren Film etwas heller zu machen und mehr Farbe in das Bild zu bringen; Größe – vergrößern Sie das Bild, so dass es Ihr Gesichtsfeld ausfüllt; Bewegung – achten Sie auf Bewegung mittleren Tempos in Ihrem Bild. Auditiv: Lassen Sie zu Ihrem inneren Film eine leise harmonische Musik in einem mittleren Tempo erklingen. Kinästhetisch: Verbinden Sie das Gefühl einer leichten Entspannung, einer freien Atmung und einer leichten körperlichen Bewegung mit dem inneren Bild.

● Wiederholen Sie den inneren Film mehrfach. Fügen Sie Ihre persönlichen Motivatoren hinzu.

● Setzen Sie einen Separator State: Öffnen Sie Ihre Augen, blicken Sie um sich, und atmen Sie tief durch.

● Testen Sie Ihre Motivation für das gewählte Ziel. Denken Sie an Ihr Ziel. Merken Sie, dass das Ziel Sie jetzt stärker anzieht und aktiviert, so dass Sie den Drang verspüren, zu handeln? Wenn das nicht der Fall ist, sollten Sie zu Punkt 3 zurückkehren und die Motivation weiter verstärken. Wenn Sie jetzt jedoch tatsächlich gern handeln würden – tun Sie's!

Die Teile und das Ganze

Wenn ein Ziel gut gewählt und klar definiert ist, dann ist es natürlich nicht sinnvoll, etwas daran zu ändern. Doch wir können es natürlich in kleinere Teilziele aufteilen. Im NLP heißt das Chunking.

Ein Ziel ist dann motivierend, wenn gute Gefühle mit ihm verknüpft sind. Durch fortgesetzte Frustrationen (die bei einem Ziel, das in weiter Ferne liegt, zwangsläufig auftauchen) sinkt die Motivation ständig. Damit ein Ziel motivierend auf Sie wirkt, brauchen Sie Belohnungen. Nur bei ganz extrem motivierenden Zielen bleibt die Motivation auch nach Frustrationen so hoch, dass Sie auf Ihrem Weg bleiben. Natürlich können Sie immer wieder Ihre Motivation verstärken, indem Sie Ihre Tätigkeiten mit Ihren Motivatoren anreichern. Aber auf Dauer wird das bei ständiger Frustration auch sehr unbefriedigend sein.

Den dicken Brocken aufteilen

Wenn Sie dagegen ein Ziel in kleinere Teilziele aufteilen (»chunken«), haben Sie immer dann ein kleines Erfolgserlebnis, wenn Sie ein Teilziel erreichen – Sie erfahren eine Belohnung in Form von Befriedigung.

Wir sind beispielsweise für unser Ziel, dieses NLP-Buch zu schreiben, sehr motiviert: Es verwirklicht viele unserer Werte sehr stark, ist klar definiert und hat einen festgelegten Zeitrahmen. Doch 192 Seiten sind eben doch eine ganze Menge! Am Anfang und auch jetzt noch liegt unser Ziel in einiger Ferne. Deshalb haben wir Chunks gebildet, also Teilziele gesetzt. Jedes Teilziel besteht darin, mindestens vier Seiten an einem Tag zu schreiben.

Antrieb durch Belohnung

Natürlich treten immer wieder kleine Frustrationen auf. Aber wir bekommen jeden Tag eine Belohnung – das befriedigende Gefühl, wieder vier Seiten geschrieben zu haben und unserem Ziel einen messbaren Schritt näher gekommen zu sein. Das führt dazu, dass unsere Motivation immer stärker wird. Chunking können Sie bei jedem Ziel, das Sie sich setzen, anwenden. Die Teilziele müssen dabei nicht, wie in unserem Beispiel, immer gleich sein. Sie müssen nicht einmal von Anfang an alle Teilziele kennen. Wichtig ist nur, dass jedes Teilziel Sie Ihrem Ziel ein Stückchen näher bringt.

»Kannst du nicht wie der Adler fliegen, klettre nur Schritt für Schritt bergan; wer mit Mühe den Gipfel gewann, hat auch die Welt zu Füßen liegen.«
(Viktor Blüthgen)

Der Weg ist das Ziel

Sehen Sie sich einmal folgende Möglichkeiten an, ein Ziel und einen Weg zu betrachten:

A ⟶ B   A B ⟶

Die erste Variante beschreibt die übliche Sichtweise. Hier stehen Sie (A), und dort ist Ihr Ziel (B). Ihr Weg ist die Bewegung von A nach B. Zwischen Ihrem Ausgangspunkt und Ihrem Ziel liegt ein Zwischenraum, der überwunden werden muss. Der Weg ist sozusagen das, was Sie von Ihrem Ziel trennt.

Die zweite Variante beschreibt dieselbe Realität, doch aus einer ganz anderen Sicht: In dem Weg, der zum Ziel führt, sind Anfang und Ende des Wegs bereits enthalten. Das Ziel und der Ausgangspunkt sind nur besondere Punkte auf dem Weg – der Weg ist das Ziel!

> »Wir glauben, Erfahrungen zu machen, aber die Erfahrungen machen uns.« (Eugène Ionesco)

Stolpersteine einfach überspringen

Wenn Sie Ihre Mission, Ihr Lebensleitziel gefunden haben, ist genau das der Fall. Ihr Weg wird zu Ihrem Ziel, und Sie erfahren eine stetige Befriedigung bei dem, was Sie tun.

Wenn aber der Weg, der das Ziel ist, nicht gleichzeitig flexibel ist, wird ein größeres Hindernis möglicherweise dazu führen, dass der Weg aus Frustration, also Enttäuschung und Entmutigung, abgebrochen wird. Und damit sind wir wieder bei der »Gummibandmotivation« angekommen. Wir haben Ihnen ja versprochen, Ihnen eine Möglichkeit zu zeigen, wie Sie diese flexible und kraftvolle Motivationsstrategie erreichen können.

Im Grunde dient dieses ganze Buch, ja NLP überhaupt, dazu, eine flexible Motivation aufzubauen und Ihre Handlungsmöglichkeiten zu erweitern. Ganz direkt hilft Ihnen dabei die folgende Übung (siehe nebenstehenden Kasten), weil sie Verbindungen zwischen Ihrem Alltag und Ihrem Ziel schaffen hilft.

Die Sprache des Erfolgs

Bevor wir Sie mit einer Technik vertraut machen, die es Ihnen leichter macht, kreative Wege zu Ihren Zielen zu entwickeln, wollen wir Sie mit einer weiteren ganz wichtigen Möglichkeit bekannt machen, Ihre Zielorientierung dauerhaft zu verbessern.

Übung – die Zielorientierung ankern

Je intensiver Sie diese Übung durchführen und je öfter Sie sie wiederholen, desto stabiler verbinden Sie sich mit Ihrem Ziel. Das Ziel wird zu einem festen Bestandteil Ihres Alltagslebens. Und je mehr Ihr Ziel mit Ihrem Alltag verbunden ist, desto besser werden Sie Ihr Ziel spüren, eins mit Ihrem Ziel werden, es erreichen.

● Gehen Sie in den Zielzustand. Machen Sie sich ein inneres Bild (einen Film) von Ihrem Ziel. Verstärken Sie die motivierenden Submodalitäten, und versuchen Sie, möglichst intensiv die mit diesem Ziel verbundenen, positiven Gefühle und Gedanken wachzurufen.

● Ankern Sie den Zielzustand. Wenn das positive Gefühl und das Zielbild am intensivsten sind, setzen Sie einen Anker, indem Sie eine besondere, unverwechselbare Bewegung machen oder Haltung einnehmen. Sie können beispielsweise Daumen und Zeigefinger gegeneinander pressen oder die Positive Haltung (siehe Seite 85) einnehmen.

● Separator State: Unterbrechen Sie die Zielvisualisierung, und wiederholen Sie mehrmals die ersten beiden Schritte.

● Testen des Ankers: Überprüfen Sie, ob der Anker aufgebaut ist, indem Sie nach dem Separator State die gewählte Bewegung machen oder Haltung einnehmen. Wenn der Anker »sitzt«, tritt sofort die Vorstellung von Ihrem Ziel in Ihr Bewusstsein. Wenn nicht, müssen Sie die ersten Schritte öfter wiederholen.

● Visualisieren Sie einen »Alltagszustand«. Gehen Sie nacheinander in Situationen, die Sie im Alltag erleben: im Büro, im Auto, zu Hause usw.

● Rufen Sie den Zielanker auf. Sobald Sie eine Alltagssituation visualisiert haben, lösen Sie Ihren Zielanker aus und »springen« in den Zielzustand.

Langfristige Vorhaben werden leicht überlagert von täglichen Notwendigkeiten und Ablenkungen. Die Technik des Ankerns hilft dabei, sein Ziel auch im Getriebe des Alltags nicht aus den Augen zu verlieren.

Unsere innere Welt erschließen wir uns hauptsächlich über das gedachte Wort. Deshalb lässt sich über einen positiv formulierten Mono-log mit sich selbst auch das Empfinden in eine angenehme Richtung steuern.

Denken – ein innerer Monolog

Das bewusste Denken ist zum größten Teil sprachgebundenes Den-ken. Wenn Sie über etwas nachdenken, werden Sie in der Regel einen inneren Dialog führen. Die Sprache ist in der Tat ein großartiges Instru-ment für das Denken – ohne Sprache sind abstrakte Gedanken (z. B. Gedanken über Sinn, Glück, Erfolg, Liebe) nahezu unmöglich. Mit Hilfe sprachlicher Symbole können auch komplexe Zusammenhänge, wie beispielsweise Gefühlszustände, relativ problemlos zusammenge-fasst werden.

»Das Glück dei-nes Lebens hängt von der Beschaf-fenheit deiner Gedanken ab.« (Marc Aurel)

Worte können Anker sein

Natürlich ist das Symbol »Freude« nicht das Gefühl selbst, aber es ist mit dem Gefühl der Freude eng verbunden – wir könnten auch sagen, dass das sprachliche Symbol »Freude« ein Anker (wenngleich auch ein sehr schwacher) für das Gefühl der Freude ist. Sprachliche Anker sind meist recht schwach, aber sie zeigen trotzdem durchaus bemerk-bare Wirkung. Das können Sie leicht an sich selbst feststellen. Sagen Sie laut: »Ich bin traurig«, und versuchen Sie, gleichzeitig ein glückliches Gefühl in sich hervorzurufen. Probieren Sie dann dasselbe mit dem

Satz: »Ich bin glücklich«. Sie werden sehen, dass es gar nicht so leicht ist, ein der Sprache entgegengesetztes Gefühl aufkommen zu lassen. Daran können Sie erkennen, wie wichtig es ist, wie wir die Sprache gebrauchen und welche Wörter wir verwenden.

Worte lösen Assoziationen aus

Alles, wirklich alles, was Ihnen begegnet, kann positiv und zielorientiert formuliert werden. Ein Glas kann halb voll oder halb leer sein, Sie können ein Problem an Ihrem Arbeitsplatz als Belastung oder Herausforderung betrachten.

Es geht nicht etwa um Wortspiele: Worte lösen Assoziationen aus – positive, die auf ein Ziel hin orientieren und eine Zielmotivation verstärken, und negative, die eine Fluchtmotivation verstärken. In einigen seltenen Fällen kann es sinnvoll sein, eine Fluchtmotivation durch negative Begriffe zu verstärken – aber stets mit der Gefahr, das eigene Wohlbefinden dadurch in Mitleidenschaft zu ziehen.

Miesmachen – aber nicht sich selbst

Nehmen wir das Beispiel Diät: Jemand, der sich für zu dick hält, kann seine Fluchtmotivation durchaus verstärken, indem er sich selbst als »widerlich fett, ekelhaft, abstoßend ...« bezeichnet. Aber ob er sich dabei gut fühlen wird? Wohl eher nicht. Fluchtmotivationsverstärker können mitunter eine sinnvolle Funktion erfüllen, aber sie sollten sich niemals auf die eigene Person beziehen!

Sinnvoller dagegen ist es in unserem Beispielfall, die dick machenden Nahrungsmittel mit Fluchtmotivationsverstärkern auszustatten – das «ekelhaft pappsüße Eis«, der «kackbraune, klebrige Schokokuchen« usw. werden die Fluchtmotivation weg von diesen Speisen sicherlich deutlich erhöhen.

Formulierungen neu überdenken

Für Ziele ist jedoch stets eine Zielmotivation wichtig. Eine grundlegende Möglichkeit, die Orientierung auf positive Ziele zu erleichtern, ist die Veränderung der Sprache – der wichtigsten Form des bewussten Denkens. Indem Sie negative Formulierungen durch positive ersetzen, können Sie Ihre Ziele schon viel leichter erreichen, da Ihr Unterbewusstsein nun viel eher für Sie arbeitet.

Positiv zu formulieren, wird häufig mit kritikloser Schönfärberei gleichgesetzt. Aber auch der kritischste Geist gibt zu, dass jedes Ding (mindestens) zwei Seiten hat. Sich nur mit den negativen Aspekten zu beschäftigen, ist nicht nur einseitig, sondern auch lähmend und deprimierend.

Übung – negative Formulierungen umformulieren

Beginnen Sie noch heute damit, Ihren Wortschatz zu verändern. Alle negativen Formulierungen, die sich in Ihrem Wortschatz befinden, können Sie nach und nach durch positive ersetzen. In der folgenden Liste, die aber natürlich nicht auch nur ansatzweise vollständig sein kann, haben wir einige Beispiele angeführt, die Sie individuell vervollständigen sollten.

Schreiben Sie sich eine eigene Liste mit Ihren persönlichen Negativformeln, und ersetzen Sie sie durch Positivformeln.

Negativformeln	Positivformeln
Zurückgewiesen	Missverstanden
Überfordert	Sehr beschäftigt
Dumm	Noch viel zu lernen
Deprimiert	Noch nicht völlig glücklich
Besorgt	Interessiert

Übung – positive Formulierungen umformulieren

Aber selbst die positiven Worte, die Sie tagtäglich verwenden, können Sie noch weiter verbessern, um Ihrem Unterbewusstsein mehr Energie für seine Aufgaben zu geben. In der folgenden Liste finden Sie wieder eine Liste mit Beispielen, die Sie ergänzen sollten.

Ersetzen Sie alle positiven Formulierungen, die sich in Ihrem Wortschatz befinden, nach und nach durch optimale Formulierungen.

Positivformeln	Optimale Formeln
Interessiert	Begeistert
Angenehm	Umwerfend
Ganz gut	Bestens
Aktiv	Energiegeladen
Motiviert	Beflügelt

Die ersten Schritte sind getan

Sie wissen nun, wie Sie Ihre Ziele klar formulieren und wie Sie Ihre Motivation erhöhen können – und damit mehr Energie für die Verwirklichung Ihrer Ziele bekommen.

Es sollte Ihnen jetzt schon viel leichter fallen, Ihre Ziele zu erreichen. Mit einer klaren Zieldefinition und guten Motivation haben Sie die ersten beiden Schritte zur Zielverwirklichung getan: Sie wissen genau, wohin Sie wollen, und Sie sind motiviert zu handeln.

Um handeln zu können, wird es jedoch sehr häufig wichtig sein, neue Fähigkeiten zu erwerben (beispielsweise mehr Selbstsicherheit gewinnen) und Hindernisse auf dem Weg (z. B. Ängste oder emotionale Verletzungen in der Vergangenheit) zu überwinden. In den folgenden Kapiteln dieses Buchs werden Sie NLP-Techniken kennen lernen, die Ihnen dabei helfen.

Den Rest dieses Kapitels wollen wir zwei NLP-Techniken widmen, die Ihnen eine gute erste Grundlage zum Handeln bieten: die Walt-Disney-Technik, die Sie dazu einsetzen können, realistische Pläne zu entwickeln, und Modeling, eine Methode, die Ihnen erste Anhaltspunkte gibt, wie Sie wirklich effektiv handeln können.

Tasten Sie sich langsam an positivere Formulierungen heran, wenn Sie eher zu den skeptischen Naturen gehören und sich normalerweise zurückhaltend ausdrücken. Allzu überschwängliche Formulierungen treffen vielleicht zunächst auf innere Widerstände.

Vom Zuschauer zum Visionär

Wer sich ein Ziel gesteckt hat und sich nun auf den Weg zu seinem Ziel machen möchte, tut gut daran, planvoll vorzugehen. Ein guter Plan muss flexibel sein und Änderungen zulassen – sich an einen strikten Plan zu halten, wird bei der kleinsten Störung zum Desaster. Das ist Ihnen in den meisten Fällen so selbstverständlich, dass Sie daran keinen bewussten Gedanken verschwenden: Wenn Sie einen so einfachen Plan gefasst haben, wie im Supermarkt nebenan einzukaufen, werden Sie sehr flexibel mit Ihrem Plan umgehen können – wenn eine Straße gesperrt ist, nehmen Sie einen anderen Weg, wenn der Supermarkt geschlossen hat, kaufen Sie woanders ein, wenn Sie einen Bekannten auf dem Weg treffen, kann der Einkauf warten. Bei komplizierteren Plänen, wie beispielsweise der beruflichen Laufbahn, sind Menschen oft viel weniger flexibel. Was tun, wenn ein Studienplatz am gewünschten Ort nicht verfügbar ist, eine Prüfung nicht bestanden oder gar der Arbeitsplatz gekündigt wurde?

»Die eigentlichen Entdeckungsreisen bestehen nicht im Kennenlernen neuer Landstriche, sondern darin, etwas mit anderen Augen zu sehen.« (Marcel Proust)

Wie ein Plan entsteht

Aber eigentlich sind es gar nicht die Menschen, sondern ihre Pläne, die nicht flexibel sind. Es gibt Gründe dafür, dass Pläne oft wenig flexibel sind. Wenn Sie sich einen Plan machen, sehen Sie sich auf dem Weg, den Ihr Plan vorgibt, das Ziel erreichen – klar, dass Sie nicht weiterplanen: Sie haben das Ziel und einen Plan, der zum Ziel führt. Warum sollten Sie sich noch weiter bemühen?

Nun, wie schmieden Sie eigentlich Ihre Pläne? Wenn Sie wie die meisten Menschen vorgehen, sieht das etwa so aus: Sie überlegen, wie das Ziel erreicht werden könnte; einige Möglichkeiten selektieren Sie sofort aus, weil sie unrealistisch sind, andere Möglichkeiten bewerten Sie als zu kompliziert – und schließlich kristallisiert sich ein Plan heraus. Ist daran irgendetwas verkehrt? Das Problem an der üblichen Vorgehensweise liegt darin, dass viele Wege schnell ausscheiden, weil sie unrealistisch, irrelevant oder problematisch scheinen. Aber am Beispiel eines Labyrinths können Sie sofort erkennen, dass die Entscheidung darüber, ob ein Weg viel versprechend ist oder nicht, keineswegs so schnell gefällt werden kann.

Wie oft erlebt man Diskussionsrunden, die völlig unergiebig im Sande verlaufen: Die Teilnehmer hören einander nicht zu, man redet aneinander vorbei oder zerpflückt destruktiv die Argumente – ganz ähnlich sieht es häufig in unserem Inneren aus.

Der innere Zwist

Überlegen wir einmal, welche klar unterscheidbaren Fähigkeiten wir beim Planen einsetzen: Vor allem sind das Phantasie, Voraussicht und Fehlersuche. Anschaulich können wir diese drei Fähigkeiten als Teile unserer Persönlichkeit oder Subpersönlichkeiten (siehe Seite 69) betrachten: der Träumer, der Realist und der Kritiker.

Beim Pläneschmieden sind alle drei beteiligt, stehen sich aber nicht selten im Weg. Der Träumer in uns entwickelt eine Idee; sofort meldet sich der Realist zu Wort und meint: »Halt! Das muss genau durchdacht werden!« – und wenn er endlich damit fertig ist, kommt der Kritiker: »Das geht doch nicht!« Der Träumer ist inzwischen eingeschlafen oder beleidigt. So gesehen ist es kein Wunder, dass realistische Pläne nicht immer besonders gute Pläne sind. Unrealistische Pläne natürlich auch nicht. Es sieht so aus, als steckten wir fest. Wenn wir kritisch und realistisch planen, reifen Pläne nur sehr langsam, und viele Wege bleiben unerforscht; wenn wir uns Pläne erträumen, besteht die Gefahr, dass wir unsere Energie in eine Käsemine auf dem Mond oder ähnlich sinnvolle Projekte investieren.

NLP-Methode – die Walt-Disney-Technik

Anwendung: Realistische Pläne zur Verwirklichung von Visionen entwerfen

1. Drei Subpersönlichkeiten (SPs) identifizieren:

- Der Träumer
- Der Realist
- Der Kritiker

2. Die drei SPs ankern, wobei es zwei Möglichkeiten gibt:

- Körperanker (z. B. Bauch – Herz – Kopf)
- Raumanker (z. B. Bett – Schreibtisch – Couch)

3. SPs aktivieren:

- Träumer-SP aktivieren: Ideen, Ziele, Visionen entwickeln
- Realist-SP aktivieren: Träumer-Vorgaben in Pläne umsetzen
- Kritiker-SP aktivieren: Probleme der Pläne ausfindig machen

4. Die Ergebnisse der Kritiker-SP als neue Vorgaben für Träumer-SP setzen

5. Ab Punkt 3 wiederholen, bis keine Kritik mehr auftritt

Wie ein gutes Gespräch unter Freunden braucht die Walt-Disney-Methode Zeit und Konzentration, um zu einer erfolgreichen Zusammenarbeit der Subpersönlichkeiten zu führen.

Nacheinander statt durcheinander

Der Weg aus diesem Dilemma ist eigentlich ganz einfach: Wir lassen unsere drei Subpersönlichkeiten nicht gleichzeitig arbeiten, sondern setzen sie nacheinander ein. Tatsächlich ist genau das die Strategie, die viele erfolgreiche und kreative Menschen bewusst oder unbewusst einsetzen. Im NLP wird diese Strategie explizit angewendet. Die von Dilts und Epstein entwickelte NLP-Technik modelliert die Erfolgsstrategie eines extrem erfolgreichen und kreativen Menschen: Walt Disney.

Der erste Schritt

Drei Subpersönlichkeiten (SPs) identifizieren

- Der Träumer: der Teil von Ihnen, der kreativ und phantasievoll ist, der nicht logisch sein muss, in Bildern denkt, kindlich-verspielt und sorglos ist. Der Teil, der die Ideale und innersten Wünsche vertritt.

● Der Realist: der Teil von Ihnen, der ruhig und besonnen überlegt, wie die Dinge funktionieren, der über Wissen verfügt, der die sinnvolle Reihenfolge einer Handlung überwacht, der Sie vor vielen Enttäuschungen schützt.

● Der Kritiker: der Teil von Ihnen, der scharfsinnig ist und Schwachpunkte an Menschen und Situationen erkennt, der sehr flexibel ist, mal sehr konservativ, dann wieder sehr unkonventionell, der auch gern etwas spöttisch ist.

Ganz unbewusst hat man sich oft bereits Raumanker geschaffen: Man setzt sich z. B. für realistische Entscheidungen an den Schreibtisch oder spinnt Tagträume in der Kuschelecke am Fenster.

Machen Sie sich die Eigenschaften der drei Subpersönlichkeiten bewusst. Denken Sie darüber nach, wann in Ihrem Leben Sie stärker Träumer, Realist oder Kritiker waren. Führen Sie sich deutlich vor Augen, dass keiner der drei »besser« als der andere ist; alle drei haben positive Qualitäten – und da diese Subpersönlichkeiten Teile von Ihnen sind, verfügen Sie selbst über diese positiven Qualitäten.

Der zweite Schritt

Die drei SPs ankern. Mit der Methode des Ankerns (siehe Seite 29) können Sie auch die Vorstellung von jeder Ihrer Subpersönlichkeiten schneller verfügbar machen. Das ist deshalb wichtig, weil Sie in dieser Übung lernen sollen, sich auf eine Ihrer Subpersönlichkeiten zu konzentrieren und damit ein bestimmtes Bündel Ihrer Fähigkeiten zu aktivieren.

Es gibt eine ganz hervorragende Art von Anker, die ganz natürlich und beiläufig ist. Sie selbst haben die Wirkung dieser Art von Anker schon oft (wenn auch nicht bewusst) erlebt: den so genannten Raumanker.

Nicht nur eine Bewegung oder Haltung kann ein Anker sein, sondern auch eine Räumlichkeit. Räume, in denen Sie immer wieder ähnliche Situationen erleben, werden zu einem Anker für diese Situation. Wenn Sie in eine Turnhalle gehen, werden Sie sich automatisch anders verhalten als in einem Theater – selbst dann, wenn in der Turnhalle ein Theaterstück aufgeführt wird.

Einen Raumanker setzen

Diese Art von natürlichem Anker ist ideal für die Walt-Disney-Technik. Walt Disney richtete sich ganz bewusst ein Zimmer nur zum Träumen, eines für realistische Überlegungen und eines für kritische Betrachtungen ein. Vielleicht ist Ihnen das auch möglich; im Schlafzimmer oder in der Badewanne ankern Sie den Träumer, im Arbeitszimmer den Realisten und im Garten den Kritiker. Auch Teile von Räumen sind möglich; z. B. Bett (Träumer), Schreibtisch (Realist), Fernsehsessel (Kritiker). Das Ankern geschieht im Fall eines Raumankers ganz nebenbei – wenn Sie sich den betreffenden Raum für eine Tätigkeit reservieren: Wenn Sie also Ihr Arbeitszimmer als Raumanker für den Realisten einsetzen, sollten Sie dort nicht Träume entwickeln oder Ideen kritisieren. Je klarer Sie Ihre Tätigkeiten trennen, desto stärker werden die Anker im Lauf der Zeit; d. h., Sie werden feststellen, dass Ihnen die mit einem bestimmten Raum verankerte Tätigkeit dort immer leichter fällt.

Körperanker haben den großen Vorteil, dass man sie immer »dabei hat«, also unabhängig vom jeweiligen Aufenthaltsort einsetzen kann.

Einen Körperanker setzen

Wenn es Ihnen nicht möglich ist, Träumer, Realist und Kritiker in verschiedenen Räumen zu ankern (z. B. weil Sie in einem Büro an einem Schreibtisch kreativ planen), können Sie natürlich auch Körperanker einsetzen. Bei diesen drei Subpersönlichkeiten können Sie z. B. den Träumer im Bauch ankern (indem Sie sich intensiv in die Träumer-SP versetzen und sich dann die Hand auf den Bauch legen), den Realisten im Herz und den Kritiker im Kopf (natürlich geht es auch umgekehrt). Wichtig ist bei diesem Schritt, dass Sie die drei Subpersönlichkeiten klar unterscheiden und aktivieren können.

Kinästhetische, also Körperanker setzt man durch die Berührung gut zugänglicher Körperteile. Besonders leicht abzurufen und jederzeit einsetzbar sind solche, bei denen die Hand das Gesicht bzw. den Kopf berührt.

Der dritte Schritt

● *Die Träumer-SP aktivieren*

Mit Hilfe Ihres Ankers rufen Sie die Subpersönlichkeit des Träumers auf. Wenn Sie einen Raumanker einsetzen, geschieht dies einfach dadurch, dass Sie sich in diesen Raum begeben. Wenn Sie einen Körperanker verwenden, können Sie ihn nun anwenden, um sich die Träumer-SP schnell zu vergegenwärtigen. Lassen Sie nun ausschließlich den Träumer in Ihnen zu Wort kommen. Setzen Sie Ihrer Phantasie keinerlei Grenzen. Es geht nur um das Entwickeln von Zielen, Ideen, Visionen, Möglichkeiten – realistisch und unrealistisch sind hier völlig irrelevante Begriffe. Keine Idee ist zu abwegig, kein Ziel zu hoch gesteckt, keine Vision zu verrückt. Sammeln Sie Ihre Einfälle, ohne zu bewerten, und schreiben Sie sie auf.

● *Die Realist-SP aktivieren*

Sie aktivieren nun den Realisten, indem Sie den entsprechenden Raum aufsuchen bzw. den zugehörigen Körperanker einsetzen. Betrachten Sie jetzt die Ideen, die Sie als Träumer entwickelt haben, und überlegen Sie, wie die Idee, die Vision oder das Ziel verwirklicht werden kann. Achten Sie darauf, den Realisten und den Kritiker nicht durcheinander zu bringen. Hier entwickeln Sie Pläne zum Umsetzen von Ideen – ganz egal, wie verrückt, schwierig oder phantastisch sie sind. Stellen Sie sich vor, ein exzentrischer Auftraggeber hätte Ihnen diese Aufgabe gestellt und würde Sie dafür bezahlen. Sie entwickeln Pläne, die prinzipiell die Idee oder das Ziel verwirklichen könnten.

● *Die Kritiker-SP aktivieren*

Jetzt lassen Sie den Kritiker in Ihnen sprechen. Was ist an den entwickelten Plänen problematisch? Weshalb können Sie den Plan nicht einsetzen, um Ihr Ziel, Ihren Traum, Ihre Vision zu verwirklichen? Finden Sie die Schwachstellen heraus.

Sie werden rasch bemerken, dass die geordnete Abfolge der »Diskussionsbeiträge« der Subpersönlichkeiten viel konstruktiver ist als sich ständig durchkreuzende innere Stellungnahmen.

Der vierte Schritt

Die Ergebnisse der Kritiker-SP als neue Vorgaben für die Träumer-SP setzen. Der Kritiker hat die Schwierigkeiten in den Plänen aufgezeigt. Formulieren Sie schriftlich die Schwierigkeiten als Aufgaben, und gehen Sie anschließend zu Schritt 3 zurück. Lassen Sie den Träumer Ideen entwickeln, wie die Schwierigkeiten überwunden, vermieden oder umgangen werden könnten.

Weitere Durchgänge

Ab Schritt 3 wiederholen, bis keine Kritik mehr auftritt. Das abwechselnde Konsultieren der drei Subpersönlichkeiten kann seine Zeit dauern. Das Wechselspiel von Träumer, Realist und Kritiker führen Sie so lange durch, bis ein Plan auftaucht, an dem der Kritiker idealerweise nichts mehr, zumindest aber nichts Substanzielles, aussetzen kann. Jede Runde der Walt-Disney-Technik bringt Sie einem realistischen, Erfolg versprechenden und flexiblen Plan näher – einem Plan, der auch wirklich funktioniert.

NLP-Technik – Modeling

Anwendung: Verhaltensstrategien erfolgreicher Vorbilder nachbilden

1. Klären Sie zunächst gründlich Ihr Ziel (Wellformed Outcome, siehe Seite 45), und suchen Sie sich ein Modell, das Ihr Ziel bereits verwirklicht hat.

2. Sammeln Sie Informationen. Lesen Sie die Biografie Ihres Modells (wenn es sich um eine berühmte Person handelt), beobachten Sie sein Verhalten, seine Sprechweise, seine Bewegungen, seine Kleidung.

3. Ahmen Sie Ihr Modell nach. Man könnte dabei zunächst sogar »nachäffen« sagen – sprechen Sie wie diese Person, bewegen Sie sich wie sie.

Tun Sie so, als ob Sie Ihr Modell wären. (Sie können diese ersten Schritte zunächst auch lediglich in Ihrer Vorstellung tun.)

4. Achten Sie auf Ihre Gefühle. Sie werden feststellen, dass sich mit dem äußerlich übernommenen Verhalten auch Ihre Gefühle verändern. Sie werden spüren, dass Sie sich nun schon eher auf Ihr Ziel zubewegen.

5. Filtern Sie die unwichtigen Bestandteile des Verhaltens. Nehmen Sie nach und nach Teile des nachgeahmten Verhaltens weg, und sehen Sie, ob diese Teile unwichtig für Ihre Ziele sind. Was schließlich übrig bleibt, ist der Teil des Verhaltens, der zum Erfolg beiträgt.

»Erfolg besteht darin, dass man genau die Fähigkeiten hat, die im Moment gefragt sind.« (Henry Ford)

Erfolg modellieren

Die Möglichkeit, etwas so zu tun, wie es jemand tut, der erfolgreich ist, ist eine sehr allgemeine, aber äußerst viel versprechende Methode, seinen Zielen näher zu kommen – und überraschende Einsichten in das »Wie« zu bekommen. Diese Methode hat im NLP einen Namen: »Modeling«.

»Wenn Sie so erfolgreich sein wollen, wie ein wirklich erfolgreicher Mensch, müssen Sie nur tun, was er/sie tut.« Wie hört sich das für Sie an? Halten Sie den Satz für völligen Quatsch? Wie wäre es damit: »Wenn Sie so erfolgreich sein wollen, wie ein wirklich erfolgreicher Mensch, müssen Sie die Dinge, die Sie tun, so tun, wie er/sie diese Dinge tut.« Immer noch Quatsch?

Walt Disney und viele andere kreative und erfolgreiche Menschen haben diese Methoden angewandt. Was kann Sie davon abhalten, dies ebenso zu tun?

Wichtig – wie wer was tut

Warum ist jemand erfolgreich? Weil er die Dinge so tut, wie er es eben tut. Häufig kommt nun der Einwand, dass das äußere Handeln ja nur ein winziger Teil des Menschen ist und wir überhaupt nicht wissen, was in dem betreffenden erfolgreichen Menschen vor sich geht. Stimmt, völlig richtig. Nur: Das weiß niemand und kann niemand wissen – und niemand kann daher aufgrund seines Innenlebens bewundert, geschätzt oder als erfolgreich (auf welchem Gebiet auch immer) angesehen werden.

Machen Sie eine kleine Pause, atmen Sie tief durch, und verdauen Sie das erst einmal. Denken Sie ein wenig darüber nach: Könnten Sie von jemandem, der beispielsweise immer sehr ängstlich handelt, annehmen, er sei das nur äußerlich, aber »eigentlich« wäre er sehr mutig? Oder jemand, der immer grausam und lieblos handelt, sei »in Wirklichkeit« ein sehr liebevoller Mensch? Das klappt nicht! Sie müssten irgendeinen Anhaltspunkt dafür haben – und den können Sie nicht in seinem Inneren finden, weil Sie da nie hineinsehen können.

Nachahmung ist Grundlage des Lernens

Sich ein Modell zum Vorbild zu nehmen und sein Handeln nachzuahmen, ist die Grundlage des Lernens: Kleine Kinder lernen dadurch, dass sie versuchen, ihre Eltern nachzuahmen. Später suchen sie sich andere Modelle. Noch später folgen sie auch Modellen, die sie sich selbst schaffen. Erfolg zu modellieren, ist also eine ganz vernünftige Sache. Nun wissen Sie eventuell gar nicht, was denn genau an dem Verhalten eines Menschen, den Sie als erfolgreich bewerten, den Erfolg ausmacht. Ist es seine Art und Weise zu sprechen, seine körperliche Haltung, seine Art, sich zu kleiden? Logik hilft hier nicht weiter. Sie müssen es ausprobieren – und dabei im Auge behalten, dass Sie vorerst nicht wissen, was das Erfolgreiche an diesem Menschen ist.

Nur Bewährtes nachahmen

Das Modeling ist nicht so simpel, wie es auf den ersten Blick scheint. Aber es ist eine sehr kraftvolle Technik – probieren Sie es doch einmal aus! Übrigens hat auch NLP einen großen Teil seiner Entstehung dem Modeling zu verdanken: Richard Bandler, einer der Begründer des NLP, begann seine Arbeit damit, den enorm erfolgreichen Therapeuten Milton Erickson zu modellieren: Er begann, mit Akzent zu sprechen, fing an, dicke Zigarren zu rauchen – Teile, die er später wieder ablegte, und nur das erfolgreiche therapeutische Verhalten beibehielt.

Die Themen dieses Kapitels waren quasi das Vorspiel. Nun geht es mit NLP erst richtig los: Sie werden jetzt erfahren, wie Sie alle Hindernisse, die Sie noch aufhalten könnten, aus dem Weg räumen!

Die Etappenziele dieses Kapitels

- Sie haben erfahren, welche wichtige Rolle Ihre Werte in Ihrem Leben spielen, und Ihre ganz persönlichen zentralen Werte herausgefunden.

- Sie haben sich auf die Suche nach Ihrem Lebensleitziel begeben.

- Sie haben gelernt, Ihre Ziele völlig klar und zielorientiert mit der NLP-Methode Wellformed Outcome zu formulieren.

- Sie haben herausgefunden, was Sie motiviert, und gelernt, Ihre Motivation zu verstärken.

- Sie haben mit der Walt-Disney-Technik eine Methode kennen gelernt, funktionierende und flexible Pläne zu entwickeln.

- Sie haben mit der Modeling-Technik eine Möglichkeit an die Hand bekommen, wie Sie Ihre Ziele erfolgreich anpacken.

Selbstvertrauen gewinnen

Mehr Respekt für die eigene Person

Wünschen Sie sich auch manchmal, etwas mehr Selbstvertrauen zu haben und selbstsicherer zu handeln? Sehr vielen Menschen geht es zumindest so.

Wenn wir mehr Selbstvertrauen gewinnen wollen, ist es eine gute Idee zu überlegen, was für Menschen mit Selbstvertrauen eigentlich charakteristisch ist. Vor allem fallen an ihnen wohl die folgenden Eigenschaften auf:

● Sie erleben wenig innere Konflikte.
● Sie können sich schnell und klar entscheiden.
● Sie lassen sich durch Kritik von anderen nicht leicht aus dem Gleichgewicht bringen.

Arroganz ist weniger gefragt

Das ist wohl alles recht wünschenswert. Aber reicht es aus? Wenn Sie sich die drei Punkte genau ansehen, werden Sie leicht erkennen, dass diese Kriterien auch auf besonders beschränkte Menschen zutreffen. Auch der typische »Rechthaber« erfüllt diese Kriterien. Echtes Selbstvertrauen ist mehr.

Wenig innere Konflikte hat auch ein Stein. Ein völlig kritikloser Mensch zweifelt nicht an sich und seinen Vorstellungen und kann sich schnell entscheiden. Wer sich Kritik niemals öffnet und nicht zum Lernen bereit ist, wird durch Kritik auch nicht aus dem Gleichgewicht gebracht werden können.

Das kann es ja wohl nicht sein, was Sie wollen! Es muss also noch etwas hinzukommen, damit aus bloßer Selbstsicherheit (aber auch die fehlt vielen Menschen!) eine positive, wirklich erstrebenswerte Ressource – Selbstvertrauen – wird:

● *Selbstachtung:* der Respekt vor der eigenen Person mit ihren Stärken, Schwächen und Möglichkeiten.
● *Selbstwertgefühl:* das Gefühl, eine Bedeutung zu haben, etwas Wertvolles zu sein.

> »Sobald du dir vertraust, sobald weißt du zu leben.«
> (Johann Wolfgang von Goethe)

Sich selbst nicht im Weg stehen

Wenn Selbstachtung und Selbstwertgefühl in ausreichendem Maß vorhanden sind, werden sich auch Selbstsicherheit und Selbstvertrauen verwirklichen lassen. Fehlen Selbstachtung und Selbstwertgefühl, wird Selbstvertrauen unmöglich und die nach außen oder innen präsentierte Selbstsicherheit sehr niedrig oder aber aufgesetzt, unecht, arrogant und unsympathisch sein.

Selbstvertrauen ist wichtig. Wer sich selbst vertrauen kann, ruht in sich, ist zufriedener mit seinem Leben und glücklicher. Und sicherlich fördert Selbstvertrauen den Erfolg ungemein – wie auch immer die persönlichen Ziele aussehen mögen und wie auch immer man Erfolg für sich selbst definiert. Wer kein Vertrauen zu sich selbst hat, kann sich seiner Entscheidungen und seines Wegs nicht sicher sein, wird zögern und sich nicht selten selbst im Weg stehen.

Wer an sich selbst glaubt, erringt nicht nur leichter Erfolge. Ein stabiles Selbstvertrauen hilft auch, Rückschläge besser einzustecken und sich nicht entmutigen zu lassen.

Was das Selbstvertrauen beschädigen kann

Die meisten Menschen, die über einen Mangel an Selbstvertrauen, Selbstachtung, Selbstwertgefühl und Selbstsicherheit klagen, sind davon überzeugt, dass sie sich eben nur realistisch betrachten. Das ist traurig! Und natürlich irren diese Menschen – sie haben ihr Bild von sich selbst auf ihrer mentalen Landkarte sehr klein eingezeichnet: Aber diese mentale Landkarte ist nicht die Realität. Lassen Sie uns zielorientiert vorgehen und untersuchen, welche Denkmuster und Verhaltensweisen zu einem »kleinen« Selbstbild führen.

Einschränkende Glaubenssätze

»Ich bin ein Versager«, »Ich bin eigentlich unwichtig«, »Mir fehlt es an Durchsetzungskraft«, »Die meisten Menschen mögen mich nicht«, »Ich kann mich nicht verkaufen« sind ein paar Beispiele für so genannte Limiting Beliefs: Sätze, die sich Menschen immer wieder selbst vorsagen und an die sie glauben.

Natürlich bringt dieser Glaube dann eine Beschränkung der Handlungsmöglichkeiten mit sich. Wer fest daran glaubt, ein Versager zu sein, wird sich kaum an anspruchsvolle Aufgaben wagen. Und selbstverständlich fördern solche Glaubenssätze nicht gerade Selbstachtung und Selbstwertgefühl. Im NLP gibt es einige Methoden, die an diesen Limiting Beliefs arbeiten – Sie werden in diesem Kapitel die wichtigsten kennen lernen.

Unbewältigte innere Konflikte

Mitunter sind Krisen aus früheren Lebensabschnitten nicht wirklich überwunden und schwelen unterhalb des Bewusstseins weiter. Dem Bewusstsein werden diese Konflikte nicht direkt erkennbar; es erfährt sie in unbestimmten Gefühlen wie Scham, Schuld und Selbstzweifel – Gefühlen, die die Selbstachtung unterdrücken. Im Kapitel »Die Vergangenheit heilen« (ab Seite 126) stellen wir Ihnen Methoden aus dem NLP und der Personalen Integration (PI) vor, die Sie dabei unterstützen, unterbewusste Konflikte aufzulösen. Eine erste Technik erfahren Sie bereits in diesem Kapitel.

Innere Zerrissenheit

Mit innerer Zerrissenheit ist die ineffektive Zusammenarbeit der verschiedenen Persönlichkeitsteile (Subpersönlichkeiten) gemeint. Es ist gar nicht so selten, dass Menschen nur deshalb wenig Selbstachtung und Selbstsicherheit haben, weil sie ihre bewusst nutzbaren Ressourcen nicht sinnvoll koordinieren. Das häufigste Beispiel ist die Aktivität der Kritiker-SP (die Sie in der Walt-Disney-Technik im vorigen Kapitel kennen gelernt haben) bei kreativen oder visionären Aufgaben: Der Kritiker ist sicherlich eine sehr wertvolle Subpersönlichkeit, aber seine Aufgabe ist eben das »Runtermachen«. Doch Sie haben es in der Hand, welche Ihrer Subpersönlichkeiten mit ihren Ressourcen Sie aktivieren. NLP und PI haben Methoden entwickelt, die Ihnen zeigen, wie Sie mit Ihren »Teilen« am sinnvollsten umgehen können.

Mangel an positiven Erfahrungen

Menschen, die über wenig Selbstachtung, Selbstwertgefühl und Selbstsicherheit verfügen, fehlt es mitunter einfach an Erfahrung und Übung in der Kunst, sich selbst als wertvoll zu betrachten. NLP hilft Ihnen dabei, positive Erfahrungen zu sammeln, einen neuen Blickwinkel zu gewinnen und ein positives Selbstbild aufzubauen. Auch dazu werden wir Ihnen in diesem Kapitel eine Übung vorstellen.

Wer sich kaum je als starke, erfolgreiche, sympathische Persönlichkeit erlebt, ist in aller Regel nicht etwa ein besonderer Pechvogel, sondern betrachtet sich gewohnheitsmäßig aus einer schiefen Perspektive.

NLP-Methode – Auditive Belief Change

Anwendung: Löschen einschränkender Glaubenssätze (Limiting Beliefs)

1. Einschränkenden Glaubenssatz formulieren und prüfen: Welche Gefühle löst das laute Sprechen des einschränkenden Glaubenssatzes aus?

2. Einen starken Ressourcenzustand ankern.

3. Versuchen Sie, die Sprechweise des einschränkenden Glaubenssatzes zu verändern.

4. Prüfen: Welche Gefühle löst das (normale) Sprechen des einschränkenden Glaubenssatzes nun aus?

Der kleine Mann in unserem Ohr

Wir haben nicht zufällig die einschränkenden Glaubenssätze, im NLP-Jargon Limiting Beliefs, in der obigen Aufzählung an erster Stelle genannt. Denn tatsächlich sind diese fatalen Glaubenssätze bei fast allen Menschen anzutreffen. Und immer sind sie auch eine Quelle der Unsicherheit und Unzufriedenheit. Sie werden überrascht sein, wie einfach sich solche einschränkenden Glaubenssätze auflösen lassen!

»Unsere Zweifel sind Verräter am Guten, das wir oft erringen könnten, wenn wir den Versuch nicht fürchten würden.«
(William Shakespeare)

Glaubenssätze verändern

Mit der folgenden NLP-Technik Auditive Belief Change (siehe Kasten oben), also etwa »Glaubensveränderung über das Gehör«, ist es möglich: Durch eine gezielte Veränderung der auditiven Submodalitäten wird die Verbindung zwischen dem Glaubenssatz und der negativen Einstellung gelöscht. Probieren Sie es doch sofort aus: Oder wollen Sie behaupten, Sie würden solche Limiting Beliefs nicht kennen? Wenn das so sein sollte, machen Sie die Übung doch mit dem Glaubenssatz: »Ich kenne keine einschränkenden Glaubenssätze.«

Die Zielbestimmung nicht vergessen

Zuvor aber noch eine wichtige allgemeine Bemerkung zu Veränderungen durch NLP: NLP-Techniken können manchmal sehr umfassende und intensive Auswirkungen haben. Gerade weil NLP so kraftvoll ist, ist es wichtig, dass Sie sich vor der Anwendung klarmachen, was Sie genau erreichen wollen.

Deshalb sollte vor jeder Veränderungsarbeit auch eine Zielbestimmung (nach dem Schema des Wellformed Outcome, Seite 45), zumindest aber der so genannte Eco-Check stehen. Fragen Sie sich also vor jeder Veränderungsarbeit mit NLP: Wann will ich diese Veränderung? Immer? In welchen Situationen will ich das alte Verhalten, Denken, Fühlen beibehalten?

In jeder Familie kursieren bestimmte Mottos oder Sprichwörter, die von einer Generation zur nächsten weitergereicht werden. Prüfen Sie, ob sich hinter solchen »Lieblingssprüchen« Ihrer eigenen Familie einschränkende Glaubenssätze verbergen.

Ein Beispiel

Jemand erkennt, dass er sich durch den Glaubenssatz »Ich kann niemandem trauen« in vielerlei Hinsicht, insbesondere in seinen sozialen Beziehungen einschränkt und oft unangemessene Gefühle und Reaktionen zeigt; auch Menschen gegenüber, von denen er eigentlich weiß, dass sie ihm sehr wohlgesonnen sind.

Offensichtlich ist es sehr sinnvoll, an diesem Glaubenssatz zu arbeiten (zumindest, wenn man nicht die Karriere eines Einsiedlers anstrebt) – doch ist es wichtig, sich dabei auch darüber im Klaren zu sein, dass Misstrauen in gewissen Situationen möglicherweise auch eine wichtige Schutzfunktion hat.

Der Auditive Belief Change ist in dieser Hinsicht recht ungefährlich, da er ja nicht den Glaubenssatz umkehrt, sondern lediglich die Verallgemeinerung einer Überzeugung aufhebt. Dennoch sollten Sie bei jeder NLP-Übung an den Eco-Check denken – also können Sie auch gleich jetzt damit anfangen.

Der erste Schritt

Suchen Sie einen Ihrer persönlichen einschränkenden Glaubenssätze, und prüfen Sie, wie sich dieser Satz auf Ihre Gefühle auswirkt. Wenn Sie einen solchen Satz identifiziert haben, geben Sie ihm eine charakteristische Formulierung. Meist wird das die Formulierung sein, die Sie sich selbst immer wieder sagen hören. Möglicherweise handelt es sich auch um einen Satz, den Sie immer wieder von Eltern, Lehrern oder

Ihrem Partner gehört haben. Suchen Sie diejenige Formulierung, die die deutlichsten (negativen) Gefühle in Ihnen auslöst. Achten Sie dabei darauf, dass Sie sich in dem Satz auf sich selbst beziehen (also beispielsweise »Ich traue niemandem« und nicht: »Man kann niemandem trauen«). Beobachten Sie Ihre Gefühlsreaktionen: Welche Gefühlszustände löst das Sprechen des einschränkenden Glaubenssatzes in Ihnen aus?

Der zweite Schritt

Machen Sie einen starken Ressourcenzustand ausfindig, und ankern Sie ihn. Suchen Sie nach einer Situation in Ihrem Leben, in der Sie sich wirklich gut gefühlt haben. Stellen Sie sich diese Situation so intensiv vor, wie Sie können. Achten Sie dabei darauf, dass Sie die Situation assoziiert erleben (also so, dass Sie selbst das Zentrum der Situation sind und nicht nur die Beobachterrolle einnehmen). Sobald Sie spüren, dass die positiven Gefühle in Ihnen aufsteigen, ankern Sie diesen Ressourcenzustand.

Am besten ist es, wenn Sie gleichzeitig auditiv und kinästhetisch ankern, d. h. eine charakteristische Bewegung machen und einen passenden Laut von sich geben. Beispielsweise ballen Sie die Faust, strecken sie hoch und rufen »Ja!«. Wiederholen Sie diesen Vorgang ein paar Mal, bis der Anker »sitzt«.

Der dritte Schritt

Verändern Sie die Sprechweise Ihres einschränkenden Glaubenssatzes. Dabei gehen Sie in fünf Schritten vor. Bei jedem Schritt sprechen Sie den Glaubenssatz in einem bestimmten Tempo und einer bestimmten Tonlage, wiederholen ihn fünfmal und rufen dann Ihren Ressourcenanker ab. Dann gehen Sie weiter zum nächsten Schritt. Gehen Sie dabei folgendermaßen vor:

- Normales Tempo/Tonlage → Ressourcenanker abrufen
- Schnelles Tempo/tiefere Tonlage → Ressourcenanker abrufen
- Langsames Tempo/höhere Tonlage → Ressourcenanker abrufen
- Sehr langsames Tempo/sehr tiefe Tonlage → Ressourcenanker abrufen
- Sehr schnelles Tempo/»Mickymaus-Stimme« → Ressourcenanker abrufen

Welche Kraft in starken Ressourcenankern steckt, beweisen die zahlreichen Berichte von Menschen, die extreme Notsituationen überlebten: Sehr häufig schöpften sie Lebensmut und Durchhaltewillen aus der intensiven Konzentration auf positive Erinnerungen.

Ein starker Anker kombiniert kinästhetisches und auditives Element miteinander. Gutes Beispiel hierfür ist die Siegerpose, bei der man die Hand zur Faust ballt, sie kraftvoll nach oben stößt und dazu laut »Ja!« ruft.

Der vierte Schritt

Prüfen Sie die Veränderung. Sprechen Sie nun den Satz noch einmal ganz normal aus, so, wie Sie es zu Beginn der Übung gemacht haben. Welche Gefühle löst das (normale) Sprechen des einschränkenden Glaubenssatzes nun aus?

Wahrscheinlich kommt Ihnen der Satz jetzt ziemlich unsinnig vor, und Sie können keine Beziehung zwischen dem Satz und sich selbst herstellen – der Satz ist für Sie kein Glaubenssatz mehr und hat seine Macht über Sie verloren.

Wie die Methode funktioniert

Wie funktioniert dieser »ABC« (Auditive Belief Change)? Nach allem, was Sie bisher schon gelernt haben, kommen Sie vielleicht selbst darauf: Die Technik verändert bestimmte Submodalitäten eines negativen Gefühlszustands; ganz offensichtlich auditive Submodalitäten. Dabei wird die festgefahrene Verbindung zwischen einem auditiven Auslöser (dem Limiting Belief) und einem negativen Gefühl, das wiederum mit dem Selbstbild in Zusammenhang steht, aufgelöst.

Eltern mit Kindern im Teenageralter können oft erleben, wie eigene Glaubenssätze ihre Wirkung verlieren: Vom aufmüpfigen Nachwuchs sprachlich verballhornt und verlacht, wird ihre Überzeugungskraft oft auch für die Eltern fragwürdig.

Kommt Ihnen diese Art Verbindung bekannt vor? Es handelt sich um einen Anker. Dieser Anker wurde natürlich nicht, wie die Anker, die wir im NLP verwenden, bewusst und positiv aufgebaut, sondern unterbewusst – und mit negativen Folgen. Das Entscheidende beim ABC ist, dass nur die automatisch ablaufende Verbindung aufgelöst wurde, keineswegs aber die Möglichkeit des Gedankengangs. Es wird nichts unterdrückt – es kommen Möglichkeiten hinzu.

»Es ist der Geist, der sich den Körper baut.« (Friedrich von Schiller)

Häufig – die auditiven Anker

Der ABC ist unseres Erachtens eine sehr wichtige Übung. Nicht nur, weil die Technik so einfach ist und ein Erfolg schnell erfahren werden kann, sondern vor allem deshalb, weil auditive Anker (die dann als einschränkende Glaubenssätze in Erscheinung treten) so häufig vorkommen. Bereits in der Kindheit bauen Eltern und Lehrer (in der Regel durchaus in guter Absicht) auditive Anker auf – und schließlich sind die Anker so stark etabliert, dass der Versuch, einen Glaubenssatz rational und kritisch zu hinterfragen, zum Scheitern verurteilt ist. Typische Beispiele sind Vorurteile, abergläubische Vorstellungen, rigide Moralvorschriften usw. Um keine Missverständnisse aufkommen zu lassen: Selbstverständlich kann ein Vorurteil auch einmal gerechtfertigt sein, ein Aberglaube einen wahren Kern haben oder eine strenge Moral höheren Zielen dienen – der Auditive Belief Change unterdrückt nicht etwa das Nachdenken darüber, sondern ermöglicht es erst!

Körpergefühle

Wir haben die Verbindung zwischen Körper und Geist (Gefühl) angesprochen, und Sie haben, sobald Sie die Übung »Positive Haltung« (siehe Seite 85) durchgeführt haben, erfahren, wie Sie mit Ihrem Körper Ihre Gefühle positiv wie negativ beeinflussen können.
Wahrscheinlich ist Ihnen klar, dass auch Selbstvertrauen sich körperlich zeigt, und nach dem, was Sie bisher gelesen haben, wird Ihnen der Gedanke kommen, dass Sie durch die Veränderung Ihrer körperlichen Haltung nicht nur Selbstsicherheit ausstrahlen können, sondern auch tatsächlich ein Stück Selbstsicherheit gewinnen. Und da Ihnen das klar ist, wollen wir uns gar nicht weiter damit aufhalten, sondern Ihnen nur empfehlen, ein wenig mit Ihrer Haltung zu experimentieren.

PI-Methode – Body Mnemonics

Anwendung: Tief sitzende negative Gefühlszustände harmonisieren

1. Positive Haltung
2. Separator State
3. Negativen Gefühlszustand assoziiert visualisieren
4. Zu diesem Gefühl die passende Haltung einnehmen
5. Diese Haltung schrittweise hin zur Positiven Haltung verändern
6. Haltungswechsel einüben und automatisieren
7. Future Pace

Einschränkende Gefühle auflösen

Dafür wollen wir Ihnen eine Technik vorstellen, die wir im Rahmen der PI (Personalen Integration) entwickelt haben. Diese Methode beruht darauf, dass Körperhaltungen starke kinästhetische Anker sind – Anker, die nur zu oft mit negativen Gefühlen verknüpft sind. Die Haltungen des Körpers rufen also bestimmte Gefühlserinnerungen wach und verstärken die negativen Gefühle. Wegen dieser Gedächtnisleistung des Körpers heißt die folgende Technik Body Mnemonics – also ungefähr »Körpererinnerungen«.

Das Prinzip entspricht in etwa dem Auditive Belief Change. Doch die in Haltungen eingeprägten Gefühlsmuster liegen meist auf einer tieferen und dem Bewusstsein weniger zugänglichen Ebene. Mit Body Mnemonics können Sie also auch tiefer sitzende einschränkende Gefühle auflösen, über deren Herkunft Sie nichts mehr wissen.

Sehr populär sind z. B. Haltungstipps für Bewerbungsgespräche. Statt dem neuen Chef in spe durch Körperausdruck zu imponieren, sollte man erst einmal horchen, was der eigene Körper einem selbst zu sagen hat.

Body Mnemonics in sieben Schritten

● *Positive Haltung*

Für die Positive Haltung stehen Sie aufrecht, aber entspannt, heben Ihr Kinn ein wenig an, ziehen Ihre Schultern leicht nach hinten, öffnen Ihren Mund ein winziges Stück und heben ganz leicht die Mundwinkel. Atmen Sie einige Male tief ein und aus.

● *Separator State*

Setzen Sie einen Separator – verlassen Sie die Positive Haltung, und kehren Sie ins Hier und Jetzt zurück.

● *Visualisieren Sie den negativen Gefühlszustand assoziiert*

Machen Sie sich ein inneres Bild des Gefühlszustands, der mit einem geringen Selbstvertrauen einhergeht. Überlegen Sie sich beispielsweise eine Situation, in der Sie besonders wenig Selbstvertrauen spürten. Gehen Sie dann gefühlsmäßig in diese Situation hinein, erleben Sie sie assoziiert (also so, dass Sie selbst das Zentrum sind und sich nicht nur beobachten).

● *Suchen Sie eine diesem Gefühl angemessene Haltung*

Lassen Sie Ihrem Körper freien Lauf: Bei unangenehmen Gefühlen entsteht meist der Drang, sich klein zu machen, sich zusammenzurollen, sich zu schützen. Folgen Sie den Bedürfnissen, die Ihnen Ihr Körper signalisiert, bis Sie spüren, dass Ihre Haltung Ihren augenblicklichen Gefühlen entspricht.

● *Verändern Sie diese Haltung schrittweise in die Positive Haltung*

Beginnen Sie jetzt damit, Ihre Haltung ganz langsam zu verändern. Beobachten Sie dabei, wann sich Ihre Gefühle verändern und auf welche Art und Weise sie sich verändern. Schritt für Schritt verändern Sie Ihre Haltung in die Positive Haltung.

● *Haltungswechsel einüben und automatisieren*

Gehen Sie wieder zurück in diejenige Haltung, die Ihre negativen Gefühle ausdrückte. Wiederholen Sie die Veränderung dieser Haltung und verschiedener Zwischenstufen zur Positiven Haltung in unterschiedlichen Geschwindigkeiten.

● *Future Pace*

Hinter dem NLP-Ausdruck »Future Pace« verbirgt sich ein NLP-Standardverfahren, das dazu dient, die Wirksamkeit einer Veränderung zu prüfen. Wie es funktioniert, erfahren Sie im Folgenden.

Den bewussten Kontakt zum eigenen Körper müssen viele Menschen erst wieder für sich entdecken. Oft wird er als Werkzeug betrachtet, das unbeachtet bleibt, solange kein »Spezialeinsatz« nötig wird.

Der Future Pace

Die Body-Mnemonics-Übung, die Sie gerade durchgeführt haben, sollte dazu dienen, einen tiefer verwurzelten Mangel an Selbstvertrauen aufzulösen. Im Future Pace stellen Sie sich eine zukünftige Situation vor, die mit einer Situation vergleichbar ist, in der Ihnen früher Ihr Mangel an Selbstvertrauen oder Unsicherheit besonders auffiel oder besonders unangenehm war. Wenn Sie sich eine solche Situation nun vor Augen führen, sollten – wenn die Übung erfolgreich war – keine (oder zumindest wesentlich weniger) negative Gefühle auftauchen. Wenn Sie beim Future Pace feststellen, dass sich an Ihren Reaktionen nichts oder nur sehr wenig verändert hat, sollten Sie die Übung wiederholen (und versuchen, die einzelnen Stufen intensiver durchzuführen). Oder – wenn Sie das Gefühl haben, dass Ihnen diese spezielle Übung nicht liegt – zu einer anderen übergehen. (Insbesondere im Kapitel »Die Vergangenheit heilen« ab Seite 126 werden Sie mehr darüber erfahren, wie Sie tief sitzende seelische Belastungen angehen können.)

»Das Ich ist die Spitze einer Pyramide, deren Boden das All ist.« (Christian Morgenstern)

Das Bild vom Ich

In den beiden Techniken, die Sie in diesem Kapitel kennen gelernt haben, ging es um einschränkende Glaubenssätze – zunächst um ganz konkrete, die Sie formulieren können, dann um unklare, die im Dunkel der Vergangenheit verschwimmen, aber immer noch in Ihrem Unterbewusstsein weiterwirken.

Jetzt wollen wir das Ziel »mehr Selbstvertrauen« ganzheitlicher betrachten. Wenn Sie der Ansicht sind, zu wenig Selbstvertrauen zu besitzen, haben Sie ein Bild von sich selbst, in dem etwas sehr Entscheidendes fehlt – das Sich-selbst-Vertrauen.

Das Bild vom eigenen Ich besteht immer aus vielen Einzelteilen, ähnlich wie ein Puzzle. Mit NLP lassen sich diese Teile zu einem harmonischen Ganzen zusammenfügen, ohne zu verkanten oder sich störend zu überlappen.

PI-Methode – positives Selbstbild

Anwendung: positivere Veränderung des Selbstbilds als Grundlage für mehr Selbstvertrauen

1. Aktuelles Selbstbild assoziiert visualisieren

2. Aktuelles Selbstbild dissoziiert visualisieren

3. Anschließend auch eine »Kopie« des dissoziierten Selbstbilds visualisieren

4. Submodalitäten der »Selbstbildkopie« positiv verändern

5. Veränderte »Kopie« assoziiert erleben

6. Eco-Check

7. Future Pace

Manchem erscheint es vielleicht fragwürdig, sich so liebevoll und intensiv mit dem Selbstbild zu beschäftigen. Ist das nicht eitel und egozentrisch? In diesem Bereich finden sich oft zahlreiche einschränkende Glaubenssätze.

Ein Bild aus vielen Teilen

»Ein Bild von sich selbst haben«: Dieser Ausdruck ist sehr treffend. Jeder Mensch hat in der Tat ein Bild von sich selbst, das er als Referenz für seine Selbstbewertung heranzieht. Solche »Bilder« hat jeder Mensch von allen anderen Menschen, die er kennt – je mehr er mit ihnen vertraut ist, desto komplexer sind seine jeweiligen Bilder von ihnen. Das komplexeste all dieser Bilder ist natürlich immer das Selbstbild.

Ein solches Bild ist allerdings nicht wie ein Foto. Es gleicht eher einem Puzzle aus Bildern, Klängen, Bewegungen, Gefühlen usw. Das Bild kann auch ein Hörbild oder ein Fühlbild sein! Vergegenwärtigen Sie sich doch gleich jetzt einmal Ihr Selbstbild – in allen Einzelheiten: Was sehen (hören, fühlen) Sie genau, wenn Sie sich selbst sehen (hören, fühlen)? Gehen Sie nach der oben im Kasten vorgestellten Strategie vor, um Ihr Selbstbild positiv zu gestalten.

Der erste Schritt

Aktuelles Selbstbild assoziiert visualisieren. Machen Sie sich ein »Bild« (im oben erwähnten Sinn) von sich selbst, so, wie Sie sich jetzt sehen. Dieses Bild sollten Sie hier zunächst assoziiert erleben – wie ist es, Sie selbst zu sein? Achten Sie dabei genau auf alle Submodalitäten, insbesondere auf die Wahrnehmung Ihres Körpers, auf Ihre Haltung, auf eventuelle Kommentare, mit denen Sie sich verbal beschreiben. Scheuen Sie dabei keine Selbstkritik, nehmen Sie auch negative Aspekte Ihres Selbstbilds auf.

Der zweite Schritt

Aktuelles Selbstbild dissoziiert visualisieren. Treten Sie sozusagen aus diesem Bild heraus – sehen Sie sich nun dissoziiert. Wie würden Sie sich selbst von außen (als eine Art Zwillingsbruder oder -schwester) sehen? Gibt es irgendwelche Unterschiede zu dem assoziierten Bild? Achten Sie wieder genau auf alle Submodalitäten.

Der dritte Schritt

Eine »Kopie« des dissoziierten Selbstbilds visualisieren. Machen Sie eine »Kopie« dieses von außen gesehenen Selbstbilds, so dass Sie nun zwei völlig gleiche Bilder von sich selbst vor Ihrem inneren Auge haben.

Der vierte Schritt

Submodalitäten der »Selbstbildkopie« positiv verändern. Beginnen Sie nun damit, die Submodalitäten eines der beiden Bilder zu verändern. Achten Sie darauf, dass das veränderte Bild immer noch Sie selbst zeigt. Wenn eine Veränderung das Bild unangenehmer macht, nehmen Sie sie wieder zurück; wenn die Veränderung das Bild angenehmer macht, behalten Sie sie und führen weitere Veränderungen durch. Sie können beispielsweise damit beginnen, das Bild heller und farbiger zu machen, es näher heranrücken, es vergrößern, Klänge und Bewegung hinzufügen usw. Experimentieren Sie eine Weile, bis Sie nichts mehr finden, was das Bild angenehmer macht.

Für das gedankliche Spiel mit Bildern gilt: Vergrößern, Aufhellen und Näherrücken wirken verstärkend; Verkleinern, Abdunkeln und Wegrücken schwächen ab.

Der fünfte Schritt

Die veränderte »Kopie« assoziiert erleben. Sie haben nach wie vor zwei Bilder vor sich: ein jetzt doch einigermaßen oder sogar sehr angenehmes und eines, das weniger angenehm ist. Beide Bilder sind Sie. Treten Sie nun wieder in das dissoziierte Bild ein (also erleben Sie es assoziiert) – natürlich in das angenehmere, versteht sich! Wie fühlen Sie sich jetzt? Hat sich Ihr assoziiertes Selbstbild ebenfalls positiv verändert? Höchstwahrscheinlich!

Der sechste Schritt

Eco-Check. Hören Sie nun intensiv und konzentriert in sich hinein, ob es irgendwelche Einwände gegen dieses neue Selbstbild gibt. Wenn ja, gehen Sie zurück und nehmen entsprechende Veränderungen an dem dissoziierten Bild vor.

Der siebte Schritt

Future Pace. Kehren Sie ganz ins Hier und Jetzt zurück. Denken Sie an eine Situation, in der Ihnen Ihr negatives Selbstbild früher vor Augen getreten ist. Denken Sie nun an eine ähnliche zukünftige Situation, und prüfen Sie, ob sich etwas verändert hat. Wenn das der Fall ist, ist die Veränderung Ihres Selbstbilds gelungen.

Die Macht der Gewohnheit durchbrechen

Eine solche einfache Veränderung des Selbstbilds schafft die Grundvoraussetzung für Selbstvertrauen, Selbstachtung und Selbstbewusstsein. Solange das Selbstbild nämlich negativ geprägt ist, gibt es keine mentale »Vorlage« für eine angemessene Repräsentation der eigenen Persönlichkeit, die es erlaubt, sich selbst zu achten.

Gewohnheiten sind allerdings ausgesprochen stark. Und eine Gewohnheit ist die Art und Weise, über sich selbst mit sich selbst zu sprechen. Sogar Menschen, die sich selbst eigentlich nicht so negativ sehen, erweisen sich mitunter recht wenig Selbstachtung. Sie zeigen zwar möglicherweise nach außen hin ein gewisses Selbstbewusstsein, doch im Grunde genommen sind sie nahezu immer unzufrieden mit sich selbst.

Neuer Umgang mit sich selbst

Vielleicht kennen Sie das sogar von sich selbst? Wie sprechen Sie innerlich mit sich selbst, wenn Sie etwas nicht so gut machen, wie Sie es eigentlich könnten?

Einige Menschen neigen dazu, nicht gerade zimperlich mit sich selbst umzugehen; sie sagen zu sich selbst:

- »Was hast du da wieder für einen Quatsch gemacht!«
- »Verdammt – das hätte ich doch viel besser machen können!«
- »Warum bin ich nur immer wieder so dumm und strenge mich nicht etwas mehr an?«

> »Eigenlob stinkt!« – warum eigentlich? Mindestens im Selbstgespräch sollte man freundlichen Umgang mit sich pflegen, sich anerkennend und lobend äußern und mit beißender Kritik zurückhaltend sein.

Mit anderen Leuten würden diese Menschen niemals so sprechen – auch weil ihnen durchaus klar ist, dass Vorwürfe oder gar Beschimpfungen überhaupt nichts bringen, sondern eher die Motivation abtöten. Seltsamerweise wenden aber viele Menschen diese Einsicht nicht auf sich selbst an. Im Gegenteil, mit stetiger Selbstbeschimpfung glauben viele, sich selbst anzuspornen.

Mit der folgenden Technik zeigen wir Ihnen, wie Sie ein sinnvolles und oft äußerst produktives »Selbstgespräch«, einen inneren Dialog, führen können.

Öfter mal ein Selbstgespräch

Ein solches Selbstgespräch kann außerordentliche Einsichten in die eigenen Verhaltens- und Denkmuster liefern, die einem positiven Selbstbild, mangelndem Selbstvertrauen und zu wenig Selbstsicherheit entgegenstehen.

Wenn Sie positive Erfahrungen mit der unten beschriebenen Technik gemacht haben, sollten Sie sich diese Übung zur Gewohnheit machen. Denken Sie daran, dass Sie sehr lange andere Gewohnheiten eingeübt haben – die manchmal dazu neigen, sich heimlich wieder einzuschleichen. Führen Sie immer wieder einen Dialog mit Ihrem Kritiker und Ihrem »Inneren Freund«: so lange, bis schließlich diese beiden Aspekte Ihrer selbst Freundschaft schließen.

Menschen mit einem negativen Selbstbild treten erstaunlicherweise meist nicht bescheiden, freundlich und respektvoll auf, sondern sind auch anderen gegenüber misstrauisch, nörglerisch und abweisend. Man tut also durchaus auch seinen Mitmenschen einen Gefallen im liebevollen Umgang mit dem eigenen Ich.

PI-Methode – Dialog

Anwendung: Freundschaft mit sich selbst schließen, um Selbstachtung zu gewinnen

1. Drei Subpersönlichkeiten kinästhetisch ankern:
- Kritiker
- Moderator
- Innerer Freund

2. Moderator-SP aufrufen

3. Kritiker-SP aufrufen

4. Innerer-Freund-SP aufrufen

5. Dialog zwischen Kritiker-SP und Innerem Freund

6. Eco-Check

7. Future Pace

Der erste Schritt

Kritiker-SP, Moderator-SP und Inneren Freund kinästhetisch ankern.
Sie kennen inzwischen das Modell der Subpersönlichkeiten – »Teile«
Ihrer selbst, die unterschiedliche Bestrebungen haben. In der Walt-Disney-Technik (siehe Seite 69) haben Sie eine ähnliche Übung wie diese
durchgeführt. Diesmal sind jedoch andere Subpersönlichkeiten beteiligt. Eine kennen Sie jedoch schon:

- *Der Kritiker:* der Teil von Ihnen, der scharfsinnig ist und Schwachpunkte an Menschen und Situationen erkennt, der sehr flexibel ist, mal
sehr konservativ, dann wieder sehr unkonventionell, der auch gern
etwas spöttisch ist

- *Der Moderator:* ein »neutraler« Teil, der besonders friedliebend ist
und zwischen Konflikten vermitteln will

- *Der Innere Freund:* der Teil von Ihnen, der Sie uneingeschränkt mit
all Ihren Schwächen akzeptiert und stets das Positive in Ihnen aufspürt

Der überlaute Kritiker

**Was wir aus-
strahlen, bekom-
men wir auch
zurück. Wenn Sie
sich selbst schät-
zen, werden Sie
respektiert. Mit
einem negativen
Selbstbild lädt
man andere
förmlich zu
schlechter Be-
handlung ein.**

Bei Menschen mit wenig Selbstachtung ist der Kritiker ein wenig vor-
laut (was in seiner Art liegt) und lässt den Inneren Freund kaum zu
Wort kommen. Daher fließt hauptsächlich die Sichtweise des Kritikers
in das Selbstbild ein. Ankern Sie diese drei SPs kinästhetisch, d. h., ver-
binden Sie jede der drei SPs mit einem bestimmten Teil Ihres Körpers:
Legen Sie z. B., wenn der Moderator spricht, eine Hand auf Ihren
Bauch, wenn der Kritiker spricht, auf die rechte Brust, wenn der Innere
Freund spricht, auf Ihr Herz.

Der zweite Schritt

Moderator-SP aufrufen. Nun aktivieren Sie zunächst einmal den Moderator – Ihre neutrale, objektive, vermittelnde Sichtweise. Der Moderator leitet das im Folgenden stattfindende Gespräch; seine Aufgabe ist
u. a., Unterbrechungen durch die Subpersönlichkeit, die gerade nicht
das Wort hat, zu unterbinden, und dafür zu sorgen, dass jede Subpersönlichkeit aussprechen kann. Der Moderator hat auch einen kreativen
Aspekt, der Ideen für Kompromisse und neue Wege vorschlägt.
Lassen Sie ruhig auch völlig unkonventionelle und verrückte Diskussionsbeiträge Ihres Inneren Freundes zur Sprache kommen. Das kann zu
sehr interessanten Wendungen im inneren Dialog führen.

Wie bei einer Gesprächsrunde hat der »Moderator« die Aufgabe, vermittelnd einzugreifen und durch Nachfragen die »Gesprächspartner« zu klaren Aussagen zu zwingen, damit ein echter Dialog und nicht ein eingefahrener Schlagabtausch zustande kommt.

Der dritte Schritt

Kritiker-SP aufrufen. Der Moderator ruft nun den Kritiker auf (dabei aktivieren Sie den Kritiker durch den Einsatz des entsprechenden Ankers). Der Moderator stellt dem Kritiker drei Fragen:

● *Welche positive Absicht hast du?*

Jede Verhaltensweise und jede Subpersönlichkeit hat eine positive Absicht. Es ist von größter Wichtigkeit, diese positive Absicht herauszufinden – einmal, um eine Veränderung überhaupt möglich zu machen, und zum anderen, um durch eine harmonische Zusammenarbeit der Subpersönlichkeiten sein Potenzial voll entfalten zu können.

● *Kennst du den Inneren Freund?*

Durch diese Frage wird geklärt, ob einer Subpersönlichkeit überhaupt bewusst ist, dass es andere Bestrebungen innerhalb des Ganzen gibt. Dabei hat der Kritiker auch die Möglichkeit, seine Sichtweise des Inneren Freundes darzulegen.

● *Weißt du um die positive Absicht des Inneren Freundes?*

Hier geht es darum, inwiefern der Kritiker weiß, dass es auch andere positive Ziele geben kann als seine. Achten Sie darauf, dass die Ansätze des Inneren Freundes nicht immer gleich im Keim erstickt werden.

Es bedarf einiger Übung, bis alle Subpersönlichkeiten zu ihrem Recht kommen. Bei geringem Selbstvertrauen ist die kritische innere Stimme oft überlaut und der »Innere Freund« nur äußerst schwach entwickelt.

Der vierte Schritt

Innerer-Freund-SP aufrufen. Nachdem der Kritiker seine Sichtweise und Motive dargelegt hat, ruft der Moderator nun den Inneren Freund auf. (Sie aktivieren den Inneren Freund durch den Einsatz des entsprechenden Ankers und lösen den Anker des Kritikers.) Auch dem Inneren Freund werden die folgenden drei Fragen gestellt:

- Welche positive Absicht hast du?
- Kennst du den Kritiker?
- Weißt du um die positive Absicht des Kritikers?

Der fünfte Schritt

Dialog zwischen Kritiker-SP und Innerem Freund. Nun folgt der eigentliche Dialog zwischen Kritiker und Innerem Freund, bei dem der Moderator vermittelt, das Wort erteilt und Vorschläge macht, wie die positiven Absichten beider SPs verbunden werden könnten. Das Ziel des Dialogs ist, Verständnis der beiden SPs füreinander zu erreichen. In der Regel geht es dabei darum, dem Kritiker zu vermitteln, dass seine kritischen Äußerungen wertvoll sind, aber zur rechten Zeit – und dass möglicherweise andere Ausdrucksformen wirksamer (gerade auch im Sinne des Kritikers) sind. Der Innere Freund sollte verstehen, dass die Äußerungen des Kritikers nicht dazu dienen sollen, die Persönlichkeit zu schädigen, sondern dass das Ziel des Kritikers ein positives ist. Er sollte auch erkennen, dass der Kritiker wertvolle Beiträge zur Gesamtpersönlichkeit liefert. Dieses Gespräch kann längere Zeit dauern, bis ein Einvernehmen gefunden wird. Wenn der Dialog vorher abgebrochen wird, sollte sich der Moderator darum bemühen, zumindest ein positives Teilergebnis zu erzielen.

Der sechste Schritt

Eco-Check. Wenn Kritiker und Innerer Freund zu einem Einverständnis gekommen sind, ist es dennoch wichtig, einen Eco-Check durchzuführen, um zu klären, ob von Seiten anderer Subpersönlichkeiten Einwände gegen die neue Verhaltensweise bestehen. Lassen Sie wieder den Moderator fragen, ob Einwände bestehen. Wenn Sie eine innere Stimme hören, die Einwände erhebt, ist es wichtig herauszufinden, welcher Aspekt Ihrer Persönlichkeit betroffen ist – und dann auch diesen Teil zu berücksichtigen (siehe SP-Setup, Seite 140).

Um es noch einmal deutlich zu sagen: Die Aufteilung in Subpersönlichkeiten ist im NLP eine Arbeitsmethode und hat nichts zu tun mit Störungen wie z. B. dem (umstrittenen) Syndrom der »multiplen Persönlichkeit«, der Aufspaltung in verschiedene Persönlichkeiten, die zum Teil nichts voneinander wissen und unabhängig voneinander handeln.

Der siebte Schritt

Future Pace. Wie bei jeder NLP-Veränderungsarbeit sollte auch hier der abschließende »Test« stehen, mit dem Sie prüfen, ob die Veränderung funktioniert. Stellen Sie sich eine Situation vor, in der Ihre Subpersönlichkeiten besonders destruktiv überquer lagen und Ihr Selbstvertrauen stark beeinträchtigten.

Wenn Sie sich eine solche Situation nun für die Zukunft ausmalen, sollten – wenn die Übung erfolgreich war – wesentlich weniger negative Gefühle auftauchen. Wenn Sie beim Future Pace feststellen, dass sich an Ihren Reaktionen nichts oder nur sehr wenig verändert hat, sollten Sie die Übung wiederholen.

Denken Sie immer daran: Nur vom Lesen über NLP können Sie noch keine Veränderungen erwarten! Erst durch wiederholte Anwendung der verschiedenen Techniken und Übungen stellen sich langsam neue Sichtweisen und Fortschritte ein.

Die Etappenziele dieses Kapitels

● Sie haben in diesem Kapitel erfahren, wie Sie wirkliches Selbstvertrauen gewinnen und dadurch zufriedener und erfolgreicher werden können.

● Sie wissen nun, dass Selbstvertrauen einiges mehr ist, als im Begriff »Selbstsicherheit« steckt – Selbstvertrauen bedarf vor allem auch der Selbstachtung und des Selbstwertgefühls.

● Sie lernten, dass einschränkende Glaubenssätze Sie daran hindern können, Ihre Ziele zu erreichen und sich selbst positiv zu sehen.

● Sie haben den Auditive Belief Change kennen gelernt, mit dem Sie einschränkende Glaubenssätze aufheben können.

● Sie haben gelernt, mit Body Mnemonics tief sitzendere negative Einstellungen zu sich selbst deutlich abzuschwächen.

● Sie haben erfahren, dass Ihr Selbstbild nicht objektiv feststeht, sondern dass Sie mit den Techniken positives Selbstbild und Dialog mit dem Inneren Freund Ihr Bild von sich selbst realistisch, aber positiver gestalten können.

Ängste überwinden

Die Hemmfessel der Furcht abstreifen

Jeder Mensch kennt das Gefühl der Angst, da mag einer noch so mutig sein: Angst ist eine der grundlegendsten Überlebensmechanismen. Wer keinerlei Angst vor Schmerzen, Verletzungen, Tod und Verlust hat, der wird wohl nicht lange überleben können. Angst ist also etwas ganz Natürliches.

Einerseits. Auf der anderen Seite können Ängste fesseln und die Entfaltung der Persönlichkeit behindern. Ängste sind ein häufiges und starkes Hindernis auf dem Weg zu unseren Zielen: Angst macht nichts leichter, sondern schwerer. Ängste sind also zwar natürlich – aber was heißt das? Auch das Bedürfnis nach Nahrung ist natürlich, nicht jedoch, täglich vier Steaks und zwei Schokoladentorten zu verzehren.

Logische Argumente helfen wenig

Ängste, die nicht dem Überleben dienen, kommen »aus dem Bauch« sind immer irrational. Deshalb ist es auch vollkommen zwecklos, jemandem, der von Ängsten in seinen Möglichkeiten eingeengt wird, mit logischen Argumenten diese Ängste nehmen zu wollen. In der Regel wissen Menschen, die von einer starken Angst betroffen sind, durchaus, dass diese Angst nicht »vernünftig« ist.

● Dass Mäuse und kleine Spinnen keine Menschen anfallen, ist wohl jedem bekannt.

● Auch die Angst vor einer Prüfung wird von keinem Betroffenen als sinnvoll und hilfreich empfunden.

● Jemand, der Angst vor dem Fliegen hat (in einem Flugzeug, versteht sich), kann durch Statistiken, die die relative Sicherheit dieses Verkehrsmittels belegen, keineswegs von seiner Angst geheilt werden.

Das Unterbewusstsein überzeugen

Ängste, die das tägliche Leben behindern, werden immerhin schnell als hinderlich und behandlungsbedürftig erkannt. Doch all die kleinen Ängste, an die sich die Menschen nur zu leicht gewöhnen, sind ebenso

> »Eine der Wirkungen der Furcht ist es, die Sinne zu verwirren und zu machen, dass uns die Dinge anders erscheinen, als sie sind.« (Cervantes, Don Quijote I, 18)

hinderlich: Schüchternheit, die Angst, konsequent Ziele zu verfolgen, die Angst vor Kritik, die Angst vor Enttäuschung ... Diese Ängste sind so gefährlich, gerade weil sie nicht als etwas Besonderes auffallen, weil sie »normal« oder sogar vernünftig scheinen.

Ängste haben natürlich auch immer eine positive Absicht und einen Sinn: Sie sind ein Signal unseres Unterbewusstseins, das uns vor Gefahren warnen will. Wenn wir die positive Absicht unserer Ängste anerkennen und unser Unterbewusstsein überzeugen können, dass in der Realität keine Gefahr besteht, löst sich die Angst auf. Überzeugen können Sie Ihr Unterbewusstsein nicht mit Argumenten – wohl aber mit NLP. Wie Sie Ihr Unterbewusstsein effektiv überzeugen, werden Sie in diesem Kapitel erfahren.

Den Angsthasen bei den Ohren packen

**»Ich begriff, dass Angst nichts hilft und nichts nützt.«
(Anne Frank)**

Ängste, die zwar lästig sind, aber die mit etwas Willenskraft noch überwunden werden können, sind sehr häufig – aber weil sie »nur« lästig sind, finden sich die meisten Menschen mit ihnen ab. Aber warum sollten Sie das tun? Sie werden erfolgreicher, zufriedener, entspannter und freier sein, wenn Sie ohne diese Ängste leben. Und das können Sie schneller erreichen, als Sie glauben.

Im NLP gibt es viele Techniken, die sich mit dem Problem »Angst« befassen. Zwei ganz einfache Möglichkeiten sind Reframing und Ressourcensammeln.

Die Technik des Reframing

Reframing bedeutet, etwas einen neuen Rahmen zu geben, beispielsweise einer Angst. Wir wollen Ihnen das einmal am Beispiel »Lampenfieber« erläutern.

Viele Menschen kennen Lampenfieber, z. B., wenn sie eine Rede oder einen Vortrag halten sollen. Der »Rahmen«, in dem diese Tätigkeit bei ihnen steht, ist nicht schön: Er weist auf verschiedene unangenehme und peinliche Möglichkeiten hin, was alles schief gehen könnte: dass man rot und nervös werden könnte, die Zuhörer einen auslachen, vielleicht Kritik üben usw.

Aber dieser Rahmen ist nicht die Tätigkeit (z. B. eine Rede zu halten) selbst – er ist der Kontext, in dem die Tätigkeit steht. Aber nicht einmal das: Die Rede ist ja noch gar nicht gehalten. Wir selbst bestimmen also den Rahmen!

Das Lampenfieber besiegen

Der neue Rahmen lässt das Bild der gehaltenen Rede in einem ganz anderen Licht erscheinen:

● Ich muss eine Rede halten? – Ich freue mich wie ein Schneekönig, dass ich eine Rede halten darf; da kann ich auch gleich meine neuen NLP-Kenntnisse anwenden!

● Ich könnte rot werden? – Hoffentlich werde ich ein wenig rot; das wirkt sympathisch und nimmt die Zuhörer für mich ein!

● Die Zuhörer könnten mich auslachen? – Wenn die Leute lachen, habe ich schon gewonnen! Lachen erzeugt immer eine gute Atmosphäre, und dann kann ich noch lockerer und freier sprechen!

● Man könnte mich kritisieren? – Hoffentlich stimmen mir nicht alle Zuhörer zu! Das wäre ja furchtbar öde, und ich hätte ja gar nichts von dem Vortrag!

In diesem veränderten Kontext können Sie weitaus beruhigter das Rednerpult besteigen und brauchen sich nicht schon Tage vor dem Ereignis quälende Bilder peinlicher Zwischenfälle auszumalen.

Ressourcen sammeln

Scheint Ihnen das alles viel zu einfach? Na, hoffentlich scheint es Ihnen einfach, denn sonst müssten Sie sich ja anstrengen! Und das muss absolut nicht sein!

Aber Sie können natürlich gern noch zusätzlich etwas tun, um Ihrem Unterbewusstsein deutlich zu zeigen, dass es nicht das Signal Angst schicken muss, weil Sie für den Notfall einen »Rettungsanker« dabei haben. Dieser »Rettungsanker« sind Ressourcen, die Sie im Voraus sammeln und ankern.

Die folgende Übung kommt Ihnen vielleicht schon bekannt vor; so ähnlich sind Sie bereits beim Wellformed Outcome (siehe Seite 45) vorgegangen. Das »Ressourcensammeln« können Sie immer wieder gebrauchen, und Sie werden dieser Methode noch des Öfteren in diesem Buch begegnen.

Fast jeder kennt Nervosität und quälende Gedanken vor bestimmten Situationen. Nicht nur helfen diese Gefühle überhaupt nicht, das Ereignis besser zu bewältigen, sie bescheren auch schon im Voraus Missstimmung und trüben die Lebensfreude.

Übung – Ressourcen sammeln

● *Wichtige Ressourcen ermitteln*

Sie wissen sicher noch, was wir im NLP unter Ressourcen verstehen: positive Erfahrungen, Kenntnisse, Fähigkeiten usw. Überlegen Sie, welche Ressourcen Sie bräuchten, um die Situation, in der Sie dieses lästige Angstgefühl haben, unbeschwert meistern zu können.

● *Ressourcenzustände in der Vergangenheit suchen*

Wenn Ihnen eine solche Ressource einfällt, suchen Sie in Ihrer Vergangenheit nach einem Referenzerlebnis, bei dem Ihnen diese Kraft zur Verfügung stand, und versetzen sich kurz assoziiert in diese Situation hinein – so, dass Sie das positive Gefühl deutlich spüren können.

● *Ressourcen ankern*

Jedes Mal, wenn Sie eine Ressource gefunden und das entsprechende Referenzerlebnis wachgerufen haben, setzen Sie einen Anker – am besten eine kleine, unauffällige Bewegung, die Sie in der lästigen Angstsituation ausführen können (Sie können natürlich auch einen auditiven Anker verwenden; bei einem Vortrag wäre z. B. ein kurzes Räuspern ein sehr interessanter Anker). Verwenden Sie für alle Ressourcen, die Sie ankern wollen, immer denselben Anker.

● *Eco-Check und Future Pace*

Jetzt können Sie unbeschwert und ohne Willensanstrengung in die früher lästige Situation gehen (z. B. Ihre Rede halten).

Oder gibt es Gründe, die dagegen sprechen, die Situation angstfrei zu erleben? Auch wenn das nicht wahrscheinlich erscheint – denken Sie darüber nach! (Beispielsweise könnte es sein, dass Sie es ganz besonders genießen, wenn Sie eine Situation durchgestanden haben, in der Sie Angst hatten; eine Achterbahnfahrt ohne ein bisschen Angst wäre doch wirklich langweilig!)

Außerdem sollten Sie auch hier wieder einen Future Pace machen, d. h. prüfen, ob die Übung funktioniert hat, indem Sie in der Vorstellung eine zukünftige Situation erleben, in der Sie früher das Angstgefühl hatten.

Phobie – die große Angst

Die beiden Techniken, die Sie gerade kennen gelernt haben, geben Ihnen die Möglichkeit, Situationen, die Ihnen bislang unangenehm waren, als angenehm zu erfahren. Und was Sie als angenehm erleben, werden Sie auch besonders gut und erfolgreich tun können. Die Energie, die Sie früher dafür einsetzten, um mit Ihrer Willenskraft die Angst zu besiegen, steht Ihnen nun frei zur Verfügung.

Manchmal sind Ängste aber auch so stark, dass keine Willenskraft mehr ausreicht, um die Angst zu überwinden. Solche Ängste nennt man auch Phobien. Phobien können sich gegen alles Mögliche richten – sogar gegen Haare oder Federn. Verbreitet sind Phobien gegen:

**»Kein Unglück ist in Wirklichkeit so groß wie unsere Angst.«
(Franz Werfel)**

- Tiere wie Spinnen oder Hunde
- Höhe
- Autofahrten
- Dunkelheit
- Enge (Klaustrophobie)
- Öffentlichkeit (Agoraphobie)

Eine Phobie ist in der Regel weit mehr als unangenehm; sie schränkt das Leben der Betroffenen oft erheblich ein. Phobien können sogar lebensgefährlich werden: Man kann sich leicht ausmalen, zu welchen Situationen es kommen kann, wenn jemand, der mit Panik auf Spinnen reagiert, ein solches Tierchen während einer Fahrt auf der Autobahn in seinem Fahrzeug entdeckt.

Ein Teufelskreis der Verstärkung

Solche Phobien haben die fatale Neigung, sich selbst zu verstärken. Die natürliche Strategie ist die Vermeidung der Angstauslöser; jemand, der unter Höhenangst leidet, wird sich einfach nicht der Höhe aussetzen – er vermeidet damit erfolgreich die Angstzustände. Wenn man etwas erfolgreich tut, wird man es selbstverständlich wiederholen. Die Vermeidung ist zur Gewohnheit geworden – und das Unterbewusstsein sendet immer öfter das Signal Angst. Das kann so weit gehen, dass jemand, der unter Höhenangst leidet, nicht mehr auf einen Stuhl steigen kann, jemand, der unter Agoraphobie leidet, überhaupt nicht mehr aus dem Haus geht, jemand, der Angst vor der Dunkelheit hat, sich nicht mehr in den Keller seines eigenen Hauses wagt.

PI-Methode – Dialog mit der Angst

Anwendung: Ängste reduzieren

1. Drei Subpersönlichkeiten kinästhetisch ankern: Angst, Moderator, Held

2. Moderator-SP aufrufen

3. Angst-SP aufrufen

4. Held-SP aufrufen

5. Dialog zwischen Angst-SP und Held-SP

6. Eco-Check

7. Future Pace

Der Ursprung der Angst

»Dass die Vögel der Sorge und des Kummers über deinem Haupte fliegen, kannst du nicht ändern. Aber dass sie Nester in deinem Haar bauen, das kannst du verhindern.« (Chinesisches Sprichwort)

Wie kommt es zu solch starken Ängsten? Laien nehmen meist an, dass ein bestimmtes Ereignis (wahrscheinlich in der Kindheit) die Angst ausgelöst haben muss.

Das ist jedoch eher die Ausnahme als die Regel – natürlich kann sich eine Angst vor Hunden entwickeln, nachdem man von einem Hund gebissen wurde, aber wie sollte das bei einer Spinne funktionieren? Meist ist die Lage verzwickter. Einen wichtigen Hinweis gibt oft die Frage nach der positiven Absicht der Angst: Was ermöglicht(e) die Angst dem Betroffenen?

Die innere Erforschung

Um diese Frage zu klären (auf emotionaler und nicht etwa auf rationaler Ebene!), können Sie eine Technik einsetzen, die Sie in ganz ähnlicher Form schon im vorigen Kapitel kennen gelernt haben: den Dialog zwischen mehreren Subpersönlichkeiten – eine dieser Subpersönlichkeiten ist natürlich die Angst, ihr Dialogpartner der »Held« (die Heldin). Sie gehen dabei genauso vor wie beim Dialog mit dem Inneren Freund (siehe Seite 91): Die SPs lernen sich kennen, stellen ihre positive Absicht vor und versuchen, durch den Dialog zu einem Kompromiss zu finden. Bei einer starken Phobie ist das aber natürlich nur der erste Schritt – aber ein wichtiger Schritt, der mehr Verständnis in das Wesen der Angst und in die Bedürfnisse, die sie ausdrückt, vermittelt.

Eine Kur gegen Phobien

Der zweite Schritt ist eine der bekanntesten NLP-Techniken zur Überwindung von Angst: die Phobia Cure. Von klinisch arbeitenden Psychologen hört man oft: »Eine Phobie hat sich im Lauf vieler Jahre entwickelt und kann nicht in kurzer Zeit beseitigt werden. Wenn NLP behauptet, man könnte eine Phobie in kurzer Zeit heilen, dann ist das Humbug!« Da spricht natürlich die Erfahrung. Aber – und das ist doch immerhin zu bedenken – nicht etwa die Erfahrung mit NLP! Warum muss die Heilung lang dauern? Bandler und Grinder waren nicht nur der Ansicht, dass eine Heilung in kurzer Zeit stattfinden kann, sondern dass sie *nur* in kurzer Zeit stattfinden kann. Eine langjährige Behandlung ist so, als würde man sich einen Spielfilm Bild für Bild anschauen, um ihn besser zu verstehen.

Unserer Ansicht nach liegt die Wahrheit zwischen diesen beiden Meinungen. Wir haben erfahren, dass auch eine starke Angst tatsächlich in kürzester Zeit aufgelöst werden kann. Allerdings ist es dann äußerst sinnvoll, mit dem Betroffenen weiterzuarbeiten, um an seinen unterbewussten Strategien, die zur Entstehung der Phobie geführt haben, etwas grundsätzlich zu verändern.

Manchmal ist professionelle Hilfe nötig

Eine Phobie ist eine ernsthafte Angelegenheit. Wir stellen Ihnen hier die Phobia Cure in einer Form vor, die es Ihnen prinzipiell ermöglicht, diese Technik nachzuvollziehen. Wenn Sie an einer wirklichen Phobie leiden, würden wir Ihnen allerdings empfehlen, die Hilfe eines qualifizierten Psychotherapeuten mit NLP-Ausbildung in Anspruch zu nehmen – unter Anleitung ist die doch schon etwas kompliziertere Technik viel leichter durchzuführen und der Erfolg sicherer.

Aber Sie müssen ja nicht unbedingt unter einer Phobie leiden, um Nutzen aus der Phobia Cure zu ziehen – die Methode ist natürlich auch bei leichten Ängsten anwendbar.

Wer unter einer Phobie leidet, verbirgt das oft lange Zeit, weil er weiß, dass seine Angst rational nicht zu begründen ist. Wenn die Angst dann immer mehr Lebensbereiche einschränkt, sollte man unbedingt professionelle Unterstützung suchen.

Der erste Schritt

Problem und Ziel klären. Zu Beginn jeder NLP-Veränderungstechnik sollten Sie Ihr Ziel genau klären – welche Fragen Sie sich dazu stellen, wissen Sie vielleicht noch; wenn nicht, blättern Sie noch einmal zu Seite 45 zurück, wo Sie erfahren, wie Sie ein »wohlgeformtes Ziel« (Wellformed Outcome) zielorientiert formulieren. Ganz wichtig ist dabei, dass Sie Ihr Ziel positiv formulieren (also: »Ich will … können« und nicht: »Ich will keine Angst mehr vor … haben«), dass Sie sich einen Zeitrahmen setzen und natürlich der Eco-Check, die Frage nach möglichen unangenehmen Konsequenzen Ihres Ziels.

Der zweite Schritt

Wohlfühlanker aufbauen. Jetzt beginnt die eigentliche Veränderungsarbeit mit einer wichtigen Vorbereitung: Überlegen Sie sich eine Situation in Ihrer Vergangenheit, in der Sie sich vollkommen sicher, wohl, angstfrei und stark fühlten. Versetzen Sie sich ganz in diese Situation hinein (assoziiert, also so, dass Sie diese Situation wieder aus Ihrer Perspektive und nicht lediglich als Zuschauer erleben). Wenn Sie das Gefühl der Stärke, des Wohlbefindens und der Sicherheit deutlich spüren, setzen Sie einen (kinästhetischen) Anker – Sie machen also eine Bewegung, die Sie mit dem Wohlgefühl verbinden wollen und die Sie nicht versehentlich ausführen (beispielsweise heben Sie den Arm über den Kopf). Dann setzen Sie einen Separator State (gehen ganz ins Hier und Jetzt zurück) und wiederholen den Vorgang mehrmals, bis der Anker fest mit dem Wohlgefühl verbunden ist. Testen Sie das auch!

Der Wohlfühlanker dient ebenfalls dazu, dass Sie schnell wieder aus einer Angstsituation in der Übung herauskommen können, wenn die negativen Gefühle zu stark werden.

Der dritte Schritt

Bauen Sie sich ein »Sicherheitssandwich«. Überlegen Sie sich nun eine Situation, in der die Angst aufgetreten ist. Sie sollten sich jetzt nicht diese Situation vor Augen führen, sondern nur feststellen, wann Sie konkret mit Ihrer Angst konfrontiert wurden. Wenn Sie das geklärt haben, suchen Sie sich einen Zeitpunkt, der möglichst kurz vor der Angstsituation lag, wo Sie sich aber noch sicher fühlten. Visualisieren Sie diesen Zeitpunkt, und erleben Sie bewusst das Gefühl der Sicherheit. Setzen Sie einen Separator State.

Suchen Sie jetzt nach einem Zeitpunkt, der möglichst knapp hinter der Angstsituation lag, wo Sie sich aber ebenfalls wieder sicher fühlten. Visualisieren Sie auch diese Situation, und erleben Sie bewusst das Gefühl der Sicherheit.

Gerade beim Abbau von Ängsten haben sich NLP-Methoden mit ihrem zielorientierten Ansatz gut bewährt. Für Therapieformen, die sich zunächst mit dem Warum der Phobie beschäftigen, ist das Angstgefühl oft viel zu überwältigend und blockierend.

Setzen Sie einen Separator State. Die Angstsituation liegt also nun zwischen zwei klar definierten sicheren Zuständen; sie ist sozusagen in ein Sicherheitssandwich gepackt.

Der vierte Schritt

Das Kinosetup. Sie wollen sich diese Situation nun vielleicht gar nicht gern genauer ansehen. Müssen Sie auch nicht! Sie sollen sich erst einmal jemanden ansehen, der jemanden beobachtet, wie er sich einen Schwarz-Weiß-Film über dieses Ereignis ansieht.

In der NLP-Sprache heißt das doppelte Dissoziation. Stellen Sie sich also vor, Sie sitzen in dem Vorführraum eines Kinos und sehen sich, wie Sie sich im Zuschauerraum einen Film über die Angstsituation ansehen (der Film beginnt mit der sicheren Situation vor der Angst und endet mit der sicheren Situation nach der Angst).

Der fünfte Schritt

Film abspielen. Der Film, der auf Ihr Zeichen hin beginnt, ist schwarzweiß, läuft etwas zu schnell und ist mit einer beruhigenden oder lustigen Musik (z. B. Zirkusmusik) untermalt. Sie sehen nicht den Film, sondern nur sich selbst, wie Sie sich diesen Film ansehen.

Niemand wird Sie zwingen, sich einer Angst auszusetzen, Sie haben überhaupt nichts zu befürchten. Sie tun nur, was Sie wollen!

NLP-Methode – Phobia Cure

Anwendung: konkrete stärkere Ängste löschen

1. Problem und Ziel klären (Wellformed Outcome)

2. Wohlfühlanker aufbauen

3. »Sicherheitssandwich« aufbauen

4. Kinosetup visualisieren – in doppelter Dissoziation

5. Film abspielen: mehrere Durchläufe, unterlegt mit Musik

6. Nach jedem einzelnen Durchgang:
   - Wohlfühlanker abrufen
   - Assoziieren
   - Schnelldurchlauf rückwärts

7. So lange wiederholen, bis der Film ohne Angst assoziiert erlebt wird

8. Future Pace

Der sechste Schritt

Film anhalten. Wenn der Film schließlich zu Ende ist (in der sicheren Situation), halten Sie den Film an und rufen Ihren Wohlfühlanker ab. Versetzen Sie sich jetzt in diese Schlussszene des Films hinein (und zwar assoziiert), machen Sie die Farben kräftiger, und achten Sie immer auf das Gefühl der Sicherheit. Dann lassen Sie den Film im Schnelldurchlauf (also in wenigen Sekunden) rückwärts laufen, bis zur sicheren Situation vor der Angst.

Der siebte Schritt

Wiederholen, bis der Film ohne Angst assoziiert erlebt werden kann. Gehen Sie nun wieder zurück, und schauen Sie sich den Film noch einmal an – zunächst wieder als Beobachter des Zuschauers. Wenn Sie einen Durchgang ohne jedes Angstgefühl erlebt haben, verändern Sie etwas – Schritt für Schritt.

Machen Sie das Bild etwas größer, dann geben Sie Farbe dazu, lassen Sie den Film im normalen Tempo und dann mit Originalton ablaufen. Wenn Sie das alles mit der doppelten Dissoziation völlig angstfrei geschafft haben, verlassen Sie den Vorführraum und nehmen den Platz des Zuschauers ein (einfache Dissoziation).

Sie können wieder mit einem kleinen Schwarz-Weiß-Bild beginnen und dann langsam die Submodalitäten (Größe, Farbe, Ton) verändern. Wenn es Ihnen schließlich möglich ist, den großen, farbigen Film im Originalton unbeschwert anzusehen, steigen Sie in den Film ein (erleben ihn also aus Ihrer Perspektive, assoziiert, nicht als Zuschauer). Ist Ihnen auch das mit positiven Gefühlen möglich gewesen? Dann haben Sie Ihre Angst offensichtlich verloren!

Der achte Schritt

Future Pace. Nun hat sich das ja alles in Ihrer Vorstellung abgespielt – viel hängt davon ab, wie intensiv Sie der Anleitung gefolgt sind. Wenn Sie tatsächlich in Ihrer Vorstellung die Situation, in der Sie früher einmal Angst hatten, unbeschwert und angstfrei erlebt haben – dann gibt es eigentlich keinen Grund, wieso Ihr Unterbewusstsein das Angstsignal senden sollte, wenn Sie diese Situation real erleben. Das Unterbewusstsein kann nicht klar unterscheiden, ob Bilder, Töne usw. über die Sinnesorgane hereinkommen oder über bewusst hervorgerufene innere

Es gibt keinen Grund, warum eine Phobie nur in einem langen Zeitraum »geheilt« werden kann. Aber es ist auch wichtig, nach einer erfolgreichen Phobia Cure weiter an den Wurzeln der Angstentstehung zu arbeiten.

Bilder. Dennoch sollten Sie – um noch mehr Sicherheit zu gewinnen – einen Future Pace machen, sich also eine zukünftige Situation vorstellen, die früher bei Ihnen zu Angstgefühlen führte, und nachprüfen, ob sich diese Gefühle nun wirklich verändert haben.

Probe in der Realität

Ist auch der Future Pace positiv verlaufen, sollten Sie möglichst bald Ihre neue Freiheit in einer realen Situation überprüfen – dabei werden Sie Ihre Sicherheit endgültig in Bewusstsein und Unterbewusstsein verankern. Leiden Sie unter einer Angst, die Sie wirklich behindert, können Sie sich insbesondere das, was im Future Pace beschrieben ist, natürlich überhaupt noch nicht vorstellen. Machen Sie es sich gemütlich, und fangen Sie einfach nochmal mit Schritt 1 an – und gehen Sie nur so weit, wie Sie möchten.

Sie haben in diesem Kapitel gesehen, was es mit Ängsten auf sich hat und wie Sie Ängste, die Sie in Ihrem Leben einschränken, schnell und dauerhaft loswerden können – so dass Sie Ihre Ängste nicht mehr auf Ihrem Weg zu mehr Erfolg und Lebensfreude behindern.

Die Etappenziele dieses Kapitels

● Sie wissen nun über die verschiedenen Formen von Ängsten und ihre Bedeutung Bescheid: natürliche Ängste, die dem Überleben dienen, unbewusste Ängste, die Ihr Verhalten unbemerkt beeinflussen, und Ängste (Phobien), die Ihnen zwar deutlich bewusst werden, die Sie aber mit den Möglichkeiten des Bewusstseins nicht in den Griff bekommen.

● Sie haben erfahren, dass jede Angst auch eine positive Absicht hat, die Sie immer berücksichtigen müssen.

● Sie haben zwei einfache Methoden kennen gelernt – Reframing und Ressourcensammeln –, mit deren Hilfe Sie kleinere Unsicherheiten und Ängste leichter in den Griff bekommen können.

● Sie haben durch die Technik »Dialog mit der Angst« eine Möglichkeit, sich die positive Absicht Ihrer Ängste klarzumachen und durch einen inneren Dialog Ihrem Unterbewusstsein Alternativen zur Angstreaktion anzubieten.

● Mit der Phobia Cure haben Sie die effizienteste NLP-Technik zur Überwindung starker konkreter Ängste kennen gelernt.

Gewohnheiten verändern

Eingefahrene Gleise – lieb und lästig

Ganz so lästig, wie Sappho bei Grillparzer meint, sind Gewohnheiten nicht. Eine Gewohnheit ist etwas, über das wir nicht mehr nachdenken und das uns deshalb auch keine bewusste Anstrengung kostet. Wenn wir uns daran gewöhnt haben, gesund und maßvoll zu essen und das Essen dabei zu genießen, wenn wir uns daran gewöhnt haben, uns ausreichend zu bewegen und dabei unser Körpergefühl verbessern, wenn wir uns daran gewöhnt haben, verständnisvoll und aufmerksam mit unseren Mitmenschen umzugehen, so sind diese Gewohnheiten wohl kaum lästig.

Das Bilden von Gewohnheiten ist eine sehr effektive Strategie unseres Unterbewusstseins, um uns die Arbeit zu erleichtern. Aber natürlich sehen wir nur zu oft, dass Gewohnheiten meist tatsächlich »ein lästig Ding« sind: nämlich dann, wenn wir versuchen, schlechte Gewohnheiten, wie beispielsweise das Rauchen, loszuwerden.

»Ach, die Gewohnheit ist ein lästig Ding! Selbst an Verhasstes fesselt sie.« (Grillparzer, Sappho IV, 3)

Ein Kreis hat kein Ende

Gewohnheiten sind ein selbstverstärkender Mechanismus – ein Teufelskreis bei schlechten, ein »Engelskreis« bei guten Gewohnheiten. Zum Frühstück einen Kaffee zu trinken, ist an sich weder gut noch schlecht. Wird es zur Gewohnheit, passiert nichts, solange Kaffee zur Verfügung steht.

Wenn aber dann einmal der Kaffee fehlt, zeigt sich die Macht der Gewohnheit: Je länger die Gewohnheit besteht, desto stärker wird der Mangel empfunden. Das Gefühl, dass etwas fehlt, ist natürlich nicht angenehm; vielleicht führt es zu schlechter Laune oder gar zu dem Gefühl, dass der ganze Tag verdorben ist. Und die Gewohnheit wird bekräftigt: Es ist ja wohl sinnvoll, morgens unbedingt einen Kaffee zu trinken, weil sonst der Tag verdorben ist! Gewohnheiten zu verändern, scheint also auf den ersten Blick gar nicht so einfach. Wie wir es schon bei den Ängsten gesehen haben, vermögen die Vernunft und die Willenskraft nicht viel, um Mechanismen, die über das Unterbewusste wirken, zu verändern. Langjährige Raucher oder Menschen, die zahllose Diäten ausprobiert haben, wissen davon ein Lied zu singen.

Pure Willenskraft reicht selten

Wir wollen Ihnen in diesem Kapitel zeigen, wie Sie Ihrem Unterbewusstsein eine schlechte Angewohnheit in kürzester Zeit abgewöhnen können. Dazu werden wir Sie mit drei unterschiedlichen Methoden, die sich nicht ausschließen, aber das Problem unterschiedlich anpacken, bekannt machen.

● Sie werden erfahren, wie Sie Ihre unterbewussten Strategien, die alte Gewohnheiten aufrechterhalten, aufdecken und verändern können.

● Sie werden lernen, innere Konflikte, die durch eine Gewohnheit entstehen, die Ihnen lästig geworden ist, aufzulösen – und dabei den größten Teil der Arbeit Ihrem Unterbewusstsein überlassen.

● Sie lernen mit der Swish-Technik eine Methode kennen, mit der Sie einen Auslöser für ein automatisiertes Verhalten in einen Auslöser für sinnvolleres Verhalten umwandeln können.

Aus zwei wird eins

»Gewohnheiten kann man nicht einfach aus dem Fenster schmeißen. Man muss sie Stufe für Stufe die Treppe herunterlocken.« (Mark Twain)

Wenn Sie unter einer Gewohnheit leiden, erleben Sie einen inneren Konflikt. Auf der einen Seite wollen Sie (wenn vielleicht auch nicht auf bewusster Ebene – doch wenn Sie nicht wollten, könnten Sie nicht!) Ihrer alten Gewohnheit folgen, auf der anderen Seite wollen Sie eben diese Gewohnheit ablegen. Auf logischer Ebene scheinen die beiden Wünsche absolut unvereinbar: Sie können nicht etwas tun und es gleichzeitig nicht tun. Aber so schnell werden Sie doch nicht aufgeben! Wo der Ausweg aus dem Dilemma liegen könnte, sehen Sie, wenn Sie sich wieder einmal das Subpersönlichkeitenmodell ins Gedächtnis rufen. Sie wissen ja: Jede Subpersönlichkeit ist ein Aspekt Ihrer selbst und hat eine positive Absicht, will etwas Positives für die Gesamtpersönlichkeit, also für Sie, bewirken. Keine Ihrer Subpersönlichkeiten will Ihnen Schaden zufügen. Was bei einem inneren Konflikt geschieht, ist, dass zwei Subpersönlichkeiten nicht effektiv miteinander kommunizieren und es deshalb passieren kann, dass sie ihre Ziele mit gegensätzlichen Mitteln anstreben.

NLP-Methode – Intentional Blend

Anwendung: gegensätzliche innere Absichten vereinigen

1. Zielbestimmung (Wellformed Outcome)

2. Entgegengesetzte Absichten als Subpersönlichkeiten (SPs) benennen

3. Jede SP in einer Hand ankern und befragen

4. Beide SPs um Zusammenarbeit bitten und Bedingungen ermitteln

5. Anker kinästhetisch verschmelzen: Hände zusammenführen

6. Future Pace

Den Kompromiss suchen

Ein bestimmtes Verhalten, eine Gewohnheit ist niemals die einzige Möglichkeit für eine Subpersönlichkeit, um ein Ziel zu erreichen – es gibt eine Vielzahl von Möglichkeiten; darunter auch solche, die der mit gegensätzlichen Mitteln arbeitenden Subpersönlichkeit ebenfalls zusagen würden.

Also müssen Sie lediglich die Kommunikation zwischen den beiden Subpersönlichkeiten verbessern. Wie das geht, haben Sie schon an zwei Stellen erfahren: Beim Dialog mit dem Inneren Freund (Seite 91) und beim Dialog mit der Angst (Seite 102). Auch im Fall eines inneren Konflikts, wenn Sie eine Gewohnheit verändern oder ablegen wollen, können Sie nach diesem Prinzip vorgehen.

Doch es geht noch schneller. Mit dem Intentional Blend (Absichten verbinden) wollen wir Ihnen eine NLP-Technik vorstellen, die die Veränderungsarbeit zum größten Teil Ihrem Unterbewusstsein überlässt und Ihrem Bewusstsein möglicherweise eine recht angenehme Überraschung bereitet, wenn Sie plötzlich bemerken, dass Ihre ungeliebte Gewohnheit einem sinnvolleren Verhalten gewichen ist.

»Man bleibt jung, solange man noch lernen, neue Gewohnheiten annehmen und Widerspruch ertragen kann.«
(Marie von Ebner-Eschenbach)

Der erste Schritt

Bestimmen Sie Ihr Ziel. Sie kennen den ersten Schritt jeder Veränderungsarbeit bereits recht gut: Klären Sie Ihr Ziel mit der Wellformed-Outcome-Technik (siehe Seite 45). Denken Sie vor allem daran, dass

»nicht ...« kein wohlgeformtes Ziel ist! »Nichtrauchen« beispielsweise ist kein Ziel bzw. ein Ziel, das Sie täglich erreichen: nämlich immer, wenn Sie eine Zigarette ausgemacht haben. (Wenn Sie nicht gerade 24 Stunden durchgehend qualmen ...)

»Das bringt mir nichts«, sagt man leicht, wenn man eine lästige Gewohnheit ablegen will. Das stimmt aber nicht – sonst hätte man sich nie daran gewöhnt. Also muss man zunächst herausfinden, was die Attraktion an der Sache ist.

Der zweite Schritt

Benennen Sie die entgegengesetzten Absichten als Subpersönlichkeiten (SPs). Nach der Zielklärung haben Sie auch schon die zwei Subpersönlichkeiten, auf die es hier ankommt, ermittelt: Die eine ist die alte Gewohnheit, die Sie verändern wollen, die andere das Verhalten, das Sie stattdessen haben wollen (Um es noch einmal zu wiederholen: »nicht ...« ist kein Verhalten!)

Geben Sie diesen beiden Subpersönlichkeiten möglichst treffende Namen: z. B. »der Raucher« – »der Sportler« (oder: »der Freiheitsliebende«, »der innere Arzt«, »der Lebenslustige« usw.) Bei dieser Namensgebung ist es eine gute Idee, die SPs selbst zu befragen, wie sie sich bezeichnen würden – abwertende Namen sind nicht sinnvoll: Jede SP hat eine positive Absicht, und Sie müssen dieser positiven Absicht Rechnung tragen.

Wenn Ihnen das Wuschbild von sich selbst ohne Zigarette oder Glas nicht attraktiv genug erscheint, wird eine Verhaltensumprogrammierung kaum funktionieren. Es ist daher äußerst wichtig, dieses Bild von der beabsichtigten Situation so stark wie möglich werden zu lassen.

Der dritte Schritt

Ankern Sie die beiden SPs in jeweils einer Hand, und stellen Sie Fragen.
Sie konzentrieren sich also zunächst auf eine Hand und stellen sich vor,
dass dort das Zentrum der »Alte-Gewohnheit«-Subpersönlichkeit ist.
Die folgenden Fragen stellen Sie erst dieser SP, dann wechseln Sie mit
Ihrer Konzentration zur anderen Hand, die das Zentrum der »Neues-
Verhalten«-SP symbolisiert.
Die erste Frage geht der gerade schon erwähnten positiven Absicht
nach. Wenn wir noch einmal das Beispiel Rauchen bemühen: Die
»Raucher«-SP sieht sich selbst vielleicht als den »beruhigenden
Freund«, der Sie vor Nervosität schützen will – dann haben Sie schon
eine positive Absicht gefunden, die gar nicht direkt mit dem Rauchen
selbst zusammenhängt. (Und Sie sollten dem auch Rechnung tragen
und dem »Raucher« einen besseren Namen geben, z. B. »der Harmo-
niesuchende«.)
Die zweite Frage klärt, ob die angesprochene SP um die Existenz der
anderen SP weiß, die dritte, ob ihr die positive Absicht der anderen SP
bewusst ist.

Der vierte Schritt

Beide SPs um Zusammenarbeit bitten und Bedingungen ermitteln.
Wenn Sie beide SPs befragt haben, wenden Sie sich ihnen noch einmal
zu und bitten jede SP um Zusammenarbeit mit der anderen. Achten Sie
auf Einwände und Bedingungen (diese Einwände und Bedingungen
werden sich stets auf die Verwirklichung der jeweiligen positiven Absicht beziehen).

Der fünfte Schritt

Anker kinästhetisch verschmelzen: Hände zusammenführen. Entspannen Sie sich, und schließen Sie die Augen. Konzentrieren Sie sich auf
Ihre Hände, stellen Sie sich vor, wie sich Ihre Hände beinahe wie von
selbst heben und sich unwillkürlich nähern, bis sich schließlich die
Handflächen berühren.
In dem Moment, wo die Handflächen (und damit die SPs) Kontakt miteinander haben, verschmelzen die beiden SPs (durch das Zusammen-
fallen der kinästhetischen Anker). Wenn Sie in diesem Moment ein
plötzliches Gefühl der Befreiung, der Erleichterung und sogar einen

Das Prinzip von Verbot und Strafe bei Verstoß funktioniert nicht besonders gut – wie man an Kindern leicht beobachten kann. Das Gleiche gilt auch für den Umgang mit sich selbst.

richtigen »Glückskick« spüren – dann war die Übung mit größter Wahrscheinlichkeit erfolgreich. (Aber auch wenn nicht, kann sich trotzdem einige Zeit später ganz unvermittelt der Erfolg zeigen!)

Der sechste Schritt

Future Pace. Ob Sie nun eine unmittelbare Befreiungserfahrung gemacht haben oder nicht: Auf jeden Fall sollten Sie den üblichen Test, den Future Pace, machen. Denken Sie an eine Situation in der Zukunft, in der früher Ihre alte Gewohnheit zum Vorschein gekommen wäre. Wie sieht es nun damit aus? Können Sie auch ohne Ihre alte Gewohnheit leben?

»Gewohnheit heißt die große Lenkerin des Lebens. Daher sollen wir auf jeden Fall danach streben, uns gute Gewohnheiten einzuimpfen.« (Francis Bacon)

Keine Wunder über Nacht

Diese NLP-Technik ist sehr interessant, weil sie zeigen kann, welche Möglichkeiten im Unterbewussten verborgen liegen. Es ist beim Intentional Blend gar nicht selten, dass die unmittelbare Wirkung kaum spürbar ist – vor allem auch, weil das Bewusstsein, das an der eigentlichen Veränderungsarbeit wenig mitarbeitet, bezweifelt, dass sich etwas ändern könnte. Es ist ja vermeintlich nichts passiert. Doch dann, ein paar Tage später, tritt die gewünschte Veränderung plötzlich unvermutet wie von selbst ein – die Subpersönlichkeiten haben schließlich zur Zusammenarbeit gefunden.

Den Anfängen wehren

Viele Gewohnheiten, ja eigentlich die meisten, bestehen aus einer komplexen Handlung, die erst durch einen bestimmten Auslöser in Gang gebracht wird und dann automatisch abläuft. Beispiele dafür sind die Zigarette nach dem Essen, der Beginn eines Streits auf ein bestimmtes Stichwort hin, der Griff zur Flasche bei Langeweile oder die Expedition zum Kühlschrank in der Werbepause beim Fernsehen. Die Gewohnheit können wir in solchen Fällen also abstellen, wenn wir nur den Auslöser verändern.

Eine schnelle und effektive Möglichkeit, um das zu tun, ist die Swish-Technik, die wir Ihnen im Folgenden vorstellen wollen. Der Name »Swish« steht dabei lautmalerisch für einen auditiven Anker, der bei dieser Technik eingesetzt wird.

NLP-Methode – Swish

Anwendung: ungewollte Reaktionen verändern

1. Problem und Ziel klären (Wellformed Outcome)

2. Zielhandung und Ressourcenzustand assoziiert visualisieren

3. Bild komprimieren

4. Expandieren des komprimierten Ressourcenzustands

5. Problemzustand dissoziiert visualisieren, altes mit neuem Bild überlagern

6. Die neue Technik Swish einsetzen

7. Wiederholungen des Swish, mindestens fünfmal

8. Future Pace

Der erste Schritt

Klären Sie Problem und Ziel. Bestimmen Sie Problem und Ziel nach dem Wellformed-Outcome-Schema (siehe Seite 45). Denken Sie daran, das Ziel muss:

- Konkret sein
- Positiv formuliert sein und keine Vergleiche ziehen
- Einen festen Zeitrahmen haben
- Durch eigene Kompetenz erreichbar sein

Der zweite Schritt

Visualisieren Sie die gewünschte Zielhandlung. Die Schwierigkeiten, die viele Menschen dabei haben, wenn sie versuchen, gewohnheitsmäßige Reaktionen zu verändern, liegen zum Teil in der Art und Weise, wie sie sich eine Veränderung vorstellen. Häufig ist es einfach so, dass die unerwünschte Verhaltensweise »einfach weg« soll. Wesentlich seltener wird der zweite notwendige Schritt getan: zu überlegen, was denn stattdessen geschehen soll!

Das ist keineswegs trivial – der Gedanke, dass etwas nicht geschehen soll, führt ganz automatisch dazu, dass gerade das, was vermieden werden soll, beharrlich den Geist beschäftigt. Überlegen Sie also, welche Reaktion Sie anstelle der gewohnten setzen wollen. Wenn Sie wis-

Wir müssen uns selbst für die unerwünschte Gewohnheit einen »Ersatz« anbieten – und der muss so attraktiv sein, dass wir gern auf das alte Verhalten verzichten.

sen, was Sie tun wollen (und nicht nur, was Sie nicht tun wollen), machen Sie sich ein inneres Bild (wie immer im weitesten Sinne). Versetzen Sie sich in dieses Bild, erleben Sie es assoziiert. Natürlich sollte das, was Sie an die Stelle des Gewohnten setzen wollen, etwas Angenehmes sein. Wenn Sie diese neue Reaktion (einen positiven Ressourcenzustand) assoziiert erleben, werden Sie sich schon recht gut fühlen. Versuchen Sie, dies nun noch weiter zu verstärken, indem Sie die Submodalitäten verändern: Machen Sie das Bild heller, farbiger, größer – was auch immer dazu führt, dass Sie sich noch besser fühlen.

Mit der Swish-Methode werden negative, ressourcenarme Zustände sehr effektiv in positive, ressourcenreiche Zustände umgewandelt.

Der dritte Schritt

Komprimieren Sie Ihr positives Bild. Dieser und der folgende Schritt sind ganz besonders wichtig für den Erfolg des Swish. Nehmen Sie sich also ausreichend Zeit dafür. In diesem Schritt ankern Sie das positive Bild mit allen positiven Ressourcen – aber auf eine besondere Art und Weise: Stellen Sie sich vor, wie das Bild auf Punktgröße zu einer »Energiekugel« schrumpft, wie Sie diese Kugel in die Hand nehmen; schließen Sie Ihre Hand um diese konzentrierte positive Energie (Sie setzen also einen kinästhetischen Anker). Wiederholen Sie dies ein paar Mal, und konzentrieren Sie sich so intensiv wie möglich auf diesen Vorgang.

Der vierte Schritt

Üben Sie das Expandieren des komprimierten Ressourcenzustands. Nun erfahren Sie, was es mit dem »Swish« auf sich hat: Sie haben die »konzentrierte Energiekugel« in der geschlossenen Hand – nun versuchen Sie, das positive Bild blitzartig wieder zu expandieren und in Ihr Bewusstsein zurückzuholen. Sie öffnen also Ihre Hand und unterstützen die »Explosion des Energieballs« mit einem zischenden Geräusch – Sssswishhh! Klingt das etwas albern? Es hat aber eine wichtige Funktion; das Swish-Geräusch ist ein erfahrungsgemäß sehr effektiver auditiver Anker für das Expandieren. Der Swish sollte also über den Energiepunkt in Ihrer Hand in Sekundenschnelle die neue Reaktion (den Ressourcenzustand) in Ihrem Bewusstsein aktivieren.

Wiederholen Sie das so lange, bis Sie sicher sind, dass die Expansion reibungslos funktioniert. In der Regel braucht man dafür etwa fünf Durchgänge. Bleiben Sie bei der Sache: Wenn Sie hier nachlässig sind, wird der Swish nicht vollständig wirken können.

Entscheidend für den Erfolg der Swish-Methode ist das Komprimieren des positiven Bilds. Dazu lassen Sie es zunächst zu einer Energiekugel zusammenschrumpfen und konzentrieren sich ganz intensiv auf diese Kugel.

Der fünfte Schritt

Problemzustand dissoziiert visualisieren. Sie wollen ja eine gewohnte Reaktion verändern: Visualisieren Sie also jetzt diese Reaktion – diesmal allerdings dissoziiert, also so, dass Sie sich selbst sozusagen von außen, wie ein Beobachter, sehen.

Der sechste Schritt

Die neue Technik Swish einsetzen. Nach all diesen Vorbereitungen werden Sie nun den Swish einsetzen.

Zunächst haben Sie noch Ihr »Problembild« (also Ihre alte, gewohnte Reaktion) vor Ihrem inneren Auge. Machen Sie dieses Bild nun etwas dunkler. Mit dem Swish rufen Sie jetzt den Ressourcezustand, also die neue Reaktion, auf, und überlagern Sie das alte mit dem neuen, positiven Bild. Versuchen Sie, sich dieses so schön und angenehm wie möglich (in Formen, Klängen, Farben usw.) zu machen. Dabei gehen Sie in den drei folgenden Schritten vor:

● Sie schließen die Hand (aktivieren also den kinästhetischen Anker, der die »Energiekugel« in der Hand symbolisiert).

Es ist wichtig, sich von dem neuen, erwünschten Verhalten ein so deutlich positives Bild zu machen, dass es Sie wirklich verlockt. Unser Gehirn hat die Tendenz, sich angenehmen Dingen zu nähern und sich von unangenehmen entfernen zu wollen.

117

● Sie öffnen mit dem Swish Ihre Hand und lassen den Energiepunkt explodieren.

● Die »Explosion« beginnt als heller Punkt in der Mitte des dunkleren Problembilds und überlagert dieses Bild in Sekundenschnelle.

Der siebte Schritt

Swish mindestens fünfmal wiederholen. Wiederholen Sie den Swish mindestens fünfmal. Sie können bereits während der Übung feststellen, wie sich die Technik auswirkt – mit jeder Wiederholung sollte Ihnen Ihr Problembild unwirklicher erscheinen, Sie werden es als immer weniger relevant für Ihr Leben sehen und möglicherweise sogar Schwierigkeiten haben, sich Ihre gewohnte Reaktion vorzustellen.

Der achte Schritt

Future Pace. Wie immer sollten Sie auch hier einen Future Pace anschließen, um sich von der Effektivität der Technik zu überzeugen. Visualisieren Sie eine zukünftige Situation, in der Sie früher Ihre gewohnte Reaktion gezeigt hätten, und beobachten Sie, wie sich Ihr Verhalten verändert hat. Wiederholen Sie die acht Schritte mehrmals, wenn Sie immer noch an Ihrer alten Gewohnheit hängen. Bedenken Sie jedoch, dass es nur funktioniert, wenn Sie wirklich wollen.

Nachdem Sie das positive Bild zu einer Energiekugel komprimiert haben, schließen Sie Ihre Hand um diese konzentrierte Energie. Anschließend lassen Sie die Energiekugel explodieren, holen also das positive Bild blitzartig wieder in Ihr Bewusstsein.

Wie der Swish funktioniert

Beim Swish nutzen Sie die Tatsache, dass im Bewusstsein nicht zwei gegensätzliche Dinge gleichzeitig sein können. Die negativen Erfahrungen, die das Problembild bestimmten, und die positiven Ressourcen schließen einander aus. Die negativen Erfahrungen wurden durch das Verändern ihrer Submodalitäten geschwächt und dann mit den inkompatiblen positiven Ressourcen konfrontiert: Dabei wurde nichts unterdrückt, sondern es eröffneten sich lediglich neue Handlungsmöglichkeiten, die vorher nicht gegeben waren. Ihr Unterbewusstes hat nun immer noch die Möglichkeit, die alte Reaktion zu zeigen – aber warum sollte es, wenn eine bessere und effektivere zur Verfügung steht?

Strategien verändern

»Die Strategie ist eine Ökonomie der Kräfte.« (Carl von Clausewitz)

Jedes Verhalten – z.B. eine schlechte Gewohnheit – folgt einer bestimmten Strategie. Diese Strategien sind uns kaum oder gar nicht bewusst, aber im Gegensatz zu vielen anderen unbewusst ablaufenden Vorgängen sind Strategien durch bewusste Aufmerksamkeit relativ leicht aufzudecken. Probieren Sie das doch gleich einmal aus: Überlegen Sie sich irgendeine Tätigkeit, die Sie häufiger ausführen, und gehen Sie den gesamten Ablauf schrittweise durch – es geht nicht um die Mechanik der Tätigkeit, sondern um die mentalen Vorgänge: Wie tun Sie es? Nehmen wir als Beispiel den Griff zur Zigarette. Das könnte so aussehen: »Ich denke daran, eine Zigarette zu rauchen – ich stelle mir den Geschmack und die beruhigende Wirkung vor – ich greife nach der Packung ....« usw.

Einen Vorgang entschlüsseln

NLP hat eine spezifische Notation entwickelt, die es Ihnen erleichtert, eine Strategie schnell und übersichtlich zu notieren (sehen Sie sich dazu auch das Beispiel am Ende dieses Kapitels an). Die Repräsentationssysteme (Sinnesmodalitäten) werden mit dem jeweiligen Großbuchstaben bezeichnet (VAKOG – **v**isuell, **a**uditiv, **k**inästhetisch, **o**lfaktorisch, **g**ustatorisch). Mit den hoch gestellten Buchstaben »x« und »i« wird angegeben, ob sich die Wahrnehmung auf externe, also äußere Ereignisse oder auf interne, also innere Ereignisse (Denken, Fühlen) bezieht. Die tief gestellten Buchstaben »e« und »k« zeigen an, ob eine innere

Wahrnehmung erinnert oder konstruiert (also vorgestellt) wird. Beim auditiven Repräsentationssystem gibt es noch den tief gestellten Buchstaben »d«, der einen inneren Dialog bezeichnet.

So sieht also das Schema als Formel aus:

$$\text{VAKOG} \quad \begin{matrix} \text{i, x} \\ \text{e, k (d)} \end{matrix}$$

Das klingt in der Beschreibung vielleicht ein wenig kompliziert, ist aber eigentlich ganz einfach. Hier noch einmal eine Zusammenfassung am Beispiel des visuellen Repräsentationssystems:

- V^i – an ein Bild denken (z. B.: Wie sehe ich aus?)
- V^x – ein Bild sehen (z. B.: Ich sehe mich im Spiegel.)
- V_e – sich an ein Bild erinnern (z. B.: Wie habe ich gestern im Spiegel ausgesehen?)
- V_k – sich ein Bild (das es so nicht gibt) vorstellen (z. B.: Wie würde ich mit einem langen roten Bart aussehen?)

Nur Bekanntes kann verändert werden

Das Aufdecken einer Strategie und die Notation sind natürlich kein Selbstzweck, sondern wichtig für eine Veränderung: Wenn Sie die Strategie kennen, nach der eine Gewohnheit abläuft, die Sie gern abstellen wollen, sehen Sie schnell, an welcher Stelle Veränderungen notwendig sind und welche Teile der Strategie das alte Verhalten aufrechterhalten. Wenn Sie Ihre Strategien kennen, wissen Sie schon viel über sich selbst. Machen Sie doch einmal eine kleine Übung dazu: Decken Sie Ihre Motivations-, Ihre Demotivations- und Ihre Kaufstrategie auf. Die Frage, die Sie sich beim Aufdecken einer Strategie stellen, ist: Wie mache ich das? Diese Frage kann ganz überraschende Einsichten vermitteln, vor allem dann, wenn Sie sie auf Verhaltensweisen anwenden, bei denen Sie diese Frage bislang nie gestellt haben, z. B.:

- Wie mache ich es, Angst zu haben?
- Wie gelingt es mir, so richtig zornig zu werden und die Beherrschung zu verlieren?
- Wie schaffe ich es, eine schlechte Gewohnheit aufrechtzuerhalten?

NLP-Methode – Strategieplanung

Anwendung: ineffektive Strategien durch effektive ersetzen

1. Ziel genau klären (Wellformed Outcome)

2. Alte Strategie schrittweise assoziiert durchgehen und notieren

3. Neue Strategie konstruieren

4. Neue Strategie assoziiert durchgehen und ankern

5. Future Pace

Effektiver handeln

In diesem Abschnitt wollen wir uns mit der letzten Frage beschäftigen. Doch das Aufdecken einer Strategie ist nur der erste Schritt – es geht Ihnen ja darum, etwas zu verändern. Im Folgenden erfahren Sie, wie Sie dabei sinnvoll vorgehen können.

Der erste Schritt

Setzen Sie sich ein klares Ziel. Dieser Schritt sollte Ihnen allmählich zur Gewohnheit werden – und das nicht nur bei der NLP-Veränderungsarbeit! Wenn Sie die einzelnen Schritte noch nicht ganz im Kopf haben, sehen Sie einfach noch einmal auf Seite 45 (Wellformed Outcome) nach.

Der zweite Schritt

Gehen Sie Ihre alte Strategie schrittweise assoziiert durch. Um eine Strategie aufdecken (im NLP sagt man oft auch »auspacken«) zu können, müssen Sie sich das entsprechende Verhalten natürlich erst einmal ins Bewusstsein bringen. Rein verstandesmäßig wird das nicht besonders gut funktionieren – aber Sie wissen ja mittlerweile schon, wie Sie effektiver vorgehen: Indem Sie eine Situation, in der dieses Verhalten auftritt, assoziiert visualisieren. Sie können dann diesen inneren Film langsamer ablaufen lassen und immer wieder zurückspulen, so dass Sie die Strategie, die Sie einsetzen, genau notieren können (mit Hilfe der NLP-Notation, siehe oben).

Jede NLP-Methode stellt die Zielbestimmung an den Anfang. Ohne eine ganz klare Vorstellung davon, wo Sie hinwollen, kommen Sie nämlich einfach – nirgendwohin.

Der dritte Schritt

Neue Strategie konstruieren. Jetzt können Sie Ihre alte Strategie rational und objektiv betrachten, Fehler aufspüren – und sich eine neue Strategie konstruieren, die das Gewohnheitsmuster durchbricht und in ein Verhalten mündet, das Sie stattdessen zeigen wollen. Achten Sie dabei genau darauf, dass Ihre neue Strategie alle Kriterien einer guten Strategie erfüllt:

● Das Ziel ist klar repräsentiert: Das Ziel einer Strategie muss klar sein, sonst ist auch die Strategie nicht klar (siehe Wellformed-Outcome-Technik, Seite 45).

● Der Erfolg kann durch Außenorientierung, also durch äußere Merkmale überprüft werden: Es ist von größter Bedeutung, dass Sie feststellen können, ob Ihre neue Strategie erfolgreich ist. Und zwar sollten Sie das an klar definierten äußeren Merkmalen direkt nach dem Ablauf der Strategie erkennen können.

● Es treten keine Endlosschleifen auf, die zu einem Stillstand führen: Problematische Strategien enthalten oft solche Endlosschleifen; beispielsweise, wenn jemand die Strategie hat, zur Schokolade zu greifen, wenn er mit sich unzufrieden ist – und dann unzufrieden mit sich ist, weil er wieder der Schokoladenversuchung erlag.

● Die Strategie beinhaltet mehrere Repräsentationssysteme: Anders gesagt, eine gute Strategie sollte alle Sinne (vor allem die drei Hauptrepräsentationssysteme: das visuelle, auditive und kinästhetische) verwenden und sowohl von Erinnerungen als auch Vorstellungen gesteuert werden. Der Grund dafür ist, dass ein Verhalten umso fester verankert wird, je mehr Repräsentationssysteme beteiligt sind.

Abzunehmen ist offensichtlich für viele Menschen ein Ziel. Dennoch laufen die meisten Diätversuche ins Leere. Mit NLP können Sie eine grundlegendere Veränderung des Essverhaltens bewirken als mit ausgefeilten Menüplänen.

Ein Fallbeispiel

Die Veränderung von Strategien ist eine etwas aufwändige, aber sehr effektive Methode, die sehr vielseitig anwendbar ist. Im Folgenden sehen Sie nun noch ein Beispiel dafür, wie eine alte durch eine neue Strategie ersetzt werden kann – in beiden Fällen ist der Auslöser für das Ablaufen der Strategie der Gedanke an köstliche Speisen. Alle, die sich schon einmal erfolglos mit einer Diät gequält haben, kennen die Macht der Gewohnheit: Die alte Strategie führte dazu, den Kühlschrank heimzusuchen und sich danach zu ärgern, die neue Strategie dagegen ... sehen Sie selbst!

Strategien ändern – ein Fallbeispiel

	Alte Strategie	Neue Strategie
Start	G^i An Essen denken	G^i An Essen denken
	G_e Geschmackserinnerung	K_e An Gefühl der (Über-)Sättigung erinnern
	G_k Geschmack vorstellen	K_k Völlegefühl vorstellen
	$V_{e/k}$ Speisen im Kühlschrank erinnern/vorstellen	V^x Blick in den Spiegel
	$G_{e/k}$ Geschmack erinnern/ vorstellen	V_k Vorstellen, wie man schlanker aussähe
	K^x Zum Kühlschrank gehen und ihn öffnen	K_k Vorstellen, wie es sich anfühlt, schlank zu sein
	V^x Speisen sehen	A_k Positive Aussagen über Schlanksein vorstellen
	$G_{e/k}$ Geschmack erinnern/vorstellen	K^x Atemübung, Spaziergang o. Ä. ausführen
Stopp	K^x, G^x Speisen aus dem Kühlschrank nehmen und essen	V^x Blick auf die Waage
Folgen	K^i Der Bauch fühlt sich voll an	K^i Der Bauch fühlt sich angenehm leer an – ein Erfolgserlebnis
	V^x Der Blick in den Spiegel zeigt eine unerfreuliche Wölbung des Bauchs; die Waage zeigt ein höheres Gewicht	V^x Der Blick in den Spiegel zeigt Fortschritte oder zumindest keine Rückschritte und bestätigt den Erfolg
	K^i Ein Gefühl der Unzufriedenheit und Frustration stellt sich ein	K^i Das Gefühl der Zufriedenheit und des Erfolgs stellt sich ein und verstärkt die neue Strategie mit positiven Gefühlen
	G^i Der Gedanke an Speisen taucht wieder auf – der Kreislauf beginnt von vorn	G^i Der Gedanke an Speisen löst positive Empfindungen, aber keinen unkontrollierten gewohnheitsmäßigen »Fresstrieb« aus

Der vierte Schritt

Neue Strategie assoziiert durchgehen und ankern. Die neue Strategie ist Ihnen nun rational klar – aber das allein kann natürlich noch keine Veränderung Ihrer Gewohnheit bewirken.

Die hier dargestellte Strategie greift schon sehr früh ein – genauer gesagt, beim ersten Gedanken an Essen. Ist dagegen erst einmal der größte Teil der alten Assoziationskette abgelaufen, gibt es kein Halten mehr.

Sie müssen diese neue Strategie jetzt auch in Ihrem Unterbewusstsein installieren, damit sie wirksam werden kann; Sie müssen die Strategie also als wirkliche Alternative erleben. Dazu gehen Sie die Strategie Schritt für Schritt assoziiert durch und ankern die einzelnen Schritte. Sie machen sich also ein inneres Bild von einer Situation, in der Ihre alte Gewohnheit (mit der alten Strategie) zum Tragen kam, und wenden die neue Strategie an.

Ankern in Einzelschritten

● Sie beginnen mit dem ersten Schritt Ihrer Strategie: Der Auslöser (Startpunkt) für Ihre alte Gewohnheit bewirkte früher den ersten Schritt Ihrer alten Strategie – Sie machen sich nun ein Bild Ihrer neuen Reaktion. Achten Sie dabei darauf, die Situation assoziiert zu erleben. Wenn also der erste Schritt Ihrer alten Strategie darin bestand, beim Gedanken an eine Zigarette sich sofort das angenehme Gefühl der Entspannung zu vergegenwärtigen, können Sie beispielsweise nun diese erste Reaktion bewusst durch einen anderen Schritt ersetzen, wie die unangenehme Vorstellung an das Kratzen des Rauchs in Ihrer Lunge, den kalten Zigarettengeruch, einen negativen Kommentar eines Menschen, den Sie respektieren o. Ä. Wiederholen Sie die Verbindung von Auslöser und neuer Reaktion, bis er selbstverständlich wird. Dabei setzen Sie jedes Mal einen Anker (z. B. führen Sie Daumen und kleinen Finger zusammen).

Nach einigen Durchgängen sollte die neue Strategie in Ihrem Unterbewusstsein gefestigt sein und die alte Strategie ersetzt haben.

● Dann gehen Sie zum nächsten Schritt weiter. Wiederholen Sie den gesamten Reaktionsablauf bis dahin, und ankern Sie auch hier jedes Mal wieder – mit einem neuen Anker (z. B. führen Sie jetzt Daumen und Ringfinger zusammen). Wenn Sie nun die beiden Anker hintereinander auslösen, sollten automatisch die ersten beiden Schritte Ihrer neuen Strategie erfolgen.

● Auf diese Art und Weise gehen Sie weiter, bis Sie die gesamte neue Strategie installiert haben. Gehen Sie dann die neue Strategie noch mehrmals durch, und lösen Sie dabei nacheinander die dazugehörigen Anker aus.

Der fünfte Schritt

Future Pace. Um den Erfolg der Veränderungsarbeit zu überprüfen, machen Sie auch diesmal wieder den Future Pace: Sie stellen sich eine zukünftige Situation vor (assoziiert), in der Sie früher das gewohnte Verhalten gezeigt hätten. (Die Anker verwenden Sie dabei nicht mehr.) Wenn die Veränderungsarbeit erfolgreich war, sollte nun automatisch die neue Strategie statt der alten Gewohnheit ablaufen.

Mit der Methode des Future Pace als letztem Schritt können Sie quasi die »Generalprobe« machen, ob Ihre neue Strategie funktionieren wird. Das gibt keine absolute Gewissheit, aber doch eine wirksame Bestätigung, dass eine Veränderung gelungen ist.

Die Etappenziele dieses Kapitels

● Sie haben gelernt, wie Sie Gewohnheiten, die für Sie ineffektiv und möglicherweise sogar lästig geworden sind, dauerhaft und ohne sich zu quälen ablegen und durch sinnvollere Gewohnheiten ersetzen können.

● Sie wissen, dass Gewohnheiten selbstverstärkend sind – gute wie auch schlechte Gewohnheiten – und dass Gewohnheiten durchaus sinnvoll sind, weil sie komplexe Verhaltensweisen automatisieren. Damit bleibt Ihr Bewusstsein frei für andere Aufgaben.

● Sie haben erfahren, dass Gewohnheiten Sie daran hindern können, Ihre Ziele zu erreichen, aber Ihnen auch dabei helfen können; und dass Gewohnheiten nicht so leicht und ohne weiteres durch bewusste Anstrengung überwunden werden können.

● Sie haben gesehen, wie Sie innere Konflikte, die durch eine schlechte Gewohnheit entstehen, mit dem Intentional Blend auflösen können.

● Sie haben mit dem Swish eine Methode kennen gelernt, mit der Sie Auslöser für ein automatisiertes Verhalten in Auslöser für sinnvolleres Verhalten umwandeln können.

● Sie haben bei der Strategieplanung geübt, Ihre unterbewussten Strategien »auszupacken«, in Kurzschrift zu notieren und durch neue, effektivere Strategien zu ersetzen.

Die Vergangenheit heilen

Wie wir wurden, was wir sind

Unsere Vergangenheit macht einen großen Teil unseres Selbst aus. Sie beeinflusst unsere Gefühle, unsere Denk- und Verhaltensmuster, unsere Einstellungen und unsere Wahrnehmung. Unsere Vergangenheit ist also von größter Bedeutung für unsere Gegenwart wie für unsere Zukunft. Unsere Vergangenheit bestimmt, ob wir uns glücklich oder unglücklich fühlen, wie wir denken, fühlen und handeln. Wenn wir unsere Gegenwart und Zukunft positiv gestalten wollen, können wir unsere Vergangenheit nicht außer Acht lassen. Wir könnten fast sagen, dass wir unsere Vergangenheit sind. Was wir jetzt denken und fühlen, die Pläne, die wir schmieden, und die Ziele, die wir uns setzen – all das hängt davon ab, was wir zu denken, zu fühlen, zu planen gelernt haben. Wenn wir gelernt haben, dass etwas unmöglich ist, werden wir keinen Plan entwickeln, der dieses Ziel anstrebt; wenn wir gelernt haben, dass eine Handlungsweise unangenehme Gefühle mit sich bringt, werden wir danach trachten, sie zu vermeiden.

»Die Vergangenheit sollten wir als Sprungbrett benutzen, nicht als Sofa.« (Harold Macmillian)

Erinnerungen ändern sich

Heißt das nun, dass alles vorausbestimmt ist und wir keinerlei Handlungsfreiheit hätten? Nein, keineswegs! Zunächst einmal können wir feststellen, dass unsere Vergangenheit eigentlich unsere Erinnerungen sind. Der menschliche Geist ist allerdings kein Videorekorder, der alles objektiv aufzeichnet und »auf Knopfdruck« wiedergibt. Viel eher entspricht er einem Geschichtenerzähler, der ein paar Bilder und Stichwörter vor sich hat und daraus eine zusammenhängende Geschichte konstruiert. Je nachdem, was der Erzähler in den Bildern sieht, was er beim Anblick der Bilder fühlt, wird die Geschichte ganz unterschiedlich ausfallen können.

Unsere Erinnerungen sind also veränderbar – ohne dass dabei die Vergangenheit verfälscht würde. Unsere Erinnerungen sind stets subjektiv, sie geben keine Ereignisse (also neutrale Vorgänge) wieder, sondern Erlebnisse (also emotionale Vorgänge).

Heute ist die Vergangenheit von morgen

Darüber hinaus bestimmen wir heute unsere zukünftige Vergangenheit. Was wir heute tun, ist morgen ein Teil unserer Vergangenheit. Alle Psychotherapieschulen haben natürlich erkannt, dass unsere Vergangenheit von überragender Bedeutung ist. Manche, wie die Psychoanalyse, legen etwas mehr, andere etwas weniger Wert darauf; doch jeder, der sich mit der menschlichen Seele befasst, stößt früher oder später darauf, dass eine Veränderung der Gegenwart kaum möglich ist, ohne einen Blick auf die Vergangenheit zu werfen.

Vor allem dann, wenn ein Mensch in der Vergangenheit prägende Erfahrungen gemacht hat, die zu besonders ineffektiven Denk- und Verhaltensweisen geführt haben, muss die Vergangenheit »geheilt« werden, bevor neue, positivere Strategien im Unterbewusstsein verankert werden können.

»Alles Gescheite mag schon siebenmal gedacht worden sein. Aber wenn es wieder gedacht wurde, in anderer Zeit und Lage, war es nicht mehr dasselbe.« (Ernst Bloch)

Das Gefängnis alter Erfahrungen verlassen

In den herkömmlichen Psychotherapieschulen wird besonderer Wert auf das gesprochene Wort gelegt. Doch Worte allein vermögen sehr wenig, wenn es darum geht, die Vergangenheit zu heilen – und deshalb sind Psychotherapien oft so wenig effektiv.

Das Sprechen über die Vergangenheit erhöht vor allem die Fähigkeit, über die Vergangenheit zu sprechen, nicht aber die Fähigkeit, sie zu verändern und zu heilen. Um Ihre Vergangenheit zu heilen, brauchen Sie keine jahrelange Psychoanalyse, Sie brauchen keinen Therapeuten, mit dem Sie Woche für Woche, Jahr um Jahr Ihre Vergangenheit erörtern und aufarbeiten. Wenn Sie wissen, wie, dann können Sie selbst, innerhalb weniger Wochen oder sogar Tage, alte seelische Verletzungen heilen und damit Ihr Unterbewusstsein aus dem Gefängnis alter Erfahrungen befreien.

Der Fluss der Zeit

Vermutlich haben auch Sie, wie die meisten Menschen, eine Vorstellung von Ihrer Vergangenheit, die zwar ganz natürlich und sehr weit verbreitet ist, aber nur wenig Perspektiven für eine Veränderung bietet. Vergangenheit ist nach dieser Sichtweise etwas, das einmal geschehen und daher unveränderlich ist. Demnach könnten wir bestenfalls hoffen, dass wir lernen, mit unseren vergangenen Erfahrungen einigermaßen zurechtzukommen. Glücklicherweise sind wir jedoch keine Computer, und unsere Erinnerungen sind nicht in unserem Kopf gespeichert wie Daten auf einer Festplatte. Unsere ganzheitlichen Erinnerungen werden jedes Mal, wenn wir sie »abrufen«, aus Assoziationen und zentralen Erinnerungsbruchstücken neu konstruiert.

Der weite Spielraum der Erinnerung

Erinnern Sie sich an die Analogie mit einem Geschichtenerzähler? So etwa können Sie sich das Gedächtnis vorstellen: Der Geschichtenerzähler (der Teil Ihrer selbst, den Sie mit der Wiedergabe von Erinnerungen beauftragen) soll über ein bestimmtes Ereignis in der Vergangenheit berichten. Dafür kann er auf mehr oder weniger effektiv geordnete »Bilder« (visuelle, auditive, kinästhetische) zurückgreifen. Außerdem sieht er, in welcher »Kartei« die Bilder abgelegt sind: beispielsweise in der Kartei »Schmerzen«, »Wut«, »Glück« oder »Liebe«. Aus diesem Material wird der Geschichtenerzähler dann den gesamten Ablauf des vergangenen Ereignisses konstruieren. Es dürfte wohl klar sein, dass es bei dieser Rekonstruktion weite Spielräume gibt.

Angenehmes bleibt besser haften

Es ist sehr wichtig, das zu verstehen und zu akzeptieren: Unsere Erinnerungen sind keine »absolute Wahrheit«! Viele der natürlichen Veränderungen, die während der Rekonstruktion geschehen, dienen unserem Wohlgefühl. Deshalb erinnern sich fast alle Menschen an ihre Kindheit als an eine im Großen und Ganzen besonders schöne Zeit, und ältere Menschen glauben fast immer, dass früher alles besser gewesen sei. Das ist ganz normal: Wir rekonstruieren natürlich lieber angenehme als unangenehme Erinnerungen.

Für Zeugenaussagen vor Gericht ist das Wissen, dass Erinnerungen konstruiert werden, von größter Bedeutung. So unglaublich das auch zunächst klingen mag: Menschen können durch intensive Verhöre nicht nur dazu gebracht werden, Verbrechen zu gestehen, die sie nie begangen haben – sie können sich dann tatsächlich sogar an die Tat »erinnern«. Der Geschichtenerzähler hat so viele Informationen über die Tat, dass er die Geschichte umschreiben muss. Der Fluss der Zeit fließt in unserem Kopf nicht immer bergab.

Klassentreffen nach vielen Jahren sind eine gute Gelegenheit, die Veränderbarkeit von Erinnerungen festzustellen. Zwischen Menschen mit einem gemeinsamen Erlebnishintergrund entstehen die verschiedensten Variationen davon, wie ein bestimmtes Ereignis erinnert wird.

Das Puzzle zusammenfügen

Wenn Sie sich erst einmal klar gemacht haben, dass Ihre Erinnerungen nicht Aufzeichnungen einer absoluten, unveränderlichen Vergangenheit sind, wird sich Ihnen vielleicht die Frage aufdrängen: Wer verbietet mir denn dann, meine Erinnerungen so zu konstruieren, dass sie mir neue Möglichkeiten eröffnen, mich auf meinem Weg unterstützen und emotionale Verletzungen heilen? Die Antwort: Niemand – ganz im Gegenteil, wir wollen Sie genau dazu ermuntern!

Um gleich einmal einem Missverständnis vorzubeugen: Es kann natürlich nicht darum gehen, etwas zu verdrängen. Wenn Sie in Ihrer Vergangenheit eine schlimme Erfahrung gemacht haben, die Sie emotional verletzt hat, ist es nicht sinnvoll, das Ereignis aus Ihrem Gedächtnis zu löschen. Das ist zwar möglich – in der Tat ist das sogar eine alltägliche Angelegenheit. Doch gelöschte Erinnerungen lösen sich nicht einfach in Luft auf, sondern wirken im Unterbewusstsein weiter – beim Verdrängen stören wir die Kommunikation mit dem Unterbewusstsein ganz massiv.

»Der eine wartet, dass die Zeit sich wandelt, der andere packt sie kräftig an und handelt.«
(Dante)

Das Erleben ändern

Die Ereignisse werden wir also unangetastet lassen. Nicht aber die Art und Weise, wie Sie belastende, verletzende Ereignisse erlebt haben. Sie werden also lernen, wie Sie die Erlebnisse Ihrer Vergangenheit positiv verändern können.

Wenn Sie Ihre Vergangenheit effektiv rekonstruiert haben, werden Sie ein und dasselbe Ereignis anders erleben – und dies kann sich in geradezu unglaublicher Weise auf Ihr gesamtes gegenwärtiges und zukünftiges Leben auswirken.

Die Zeitlinie (Time-Line)

Jeder Mensch organisiert seine Erfahrungen in der Dimension der Zeit – auf einer »Zeitlinie«. Die Zeitlinie muss dabei keineswegs immer tatsächlich eine gerade Linie sein: Sie kann geschwungen, mal dicker, mal dünner sein, kann unsichtbare Stellen und dicke Knäuel haben, verschiedene Farben und Strukturen, die Zeitlinie kann eine abstrakte Linie sein, ein Weg oder ein Fluss usw. Die persönliche Zeitlinie eines Menschen ist so individuell wie der Mensch selbst. Die Zeitlinie ist »der Stoff, aus dem das Ich besteht«.

Die eigene Time-Line finden

Bevor wir daran gehen, an der Vergangenheit zu arbeiten, wollen wir Ihnen vorschlagen, Ihre persönliche Time-Line zu erkunden. Indem Sie Ihr persönliches Zeiterleben visualisieren und positiv strukturieren, können Sie bereits einiges über Ihren Standpunkt erfahren und vielleicht auch schon eine bessere, angenehmere Perspektive gewinnen.

Übung – die persönliche Zeitlinie

Wahrscheinlich ist es für Sie zunächst einmal etwas ungewohnt, sich Zeit vorzustellen. Versuchen Sie als erstes, für sich die Antworten auf folgende Fragen zu finden.
Schließen Sie die Augen, und versuchen Sie, ein Bild von Ihrer persönlichen Zeitlinie zu entwickeln.

- In welcher Richtung liegt für Sie die Vergangenheit? (vor Ihnen, hinter Ihnen, rechts von Ihnen oder links, über Ihnen, unter Ihnen?)

- In welcher Richtung liegt Ihre Zukunft?

- Führt die Zeitlinie von Ihrer Vergangenheit in die Zukunft aufwärts, abwärts, oder liegen alle Zeitabschnitte auf einer Ebene?

- Ist Ihre Zeitlinie gerade oder gewunden?

- Können Sie sich in der Vorstellung frei auf Ihrer Zeitlinie bewegen?

- Gibt es Lücken, dunkle Stellen, »Nebel«, Knoten oder sonstige Hindernisse auf Ihrer Zeitlinie? (Solche Stellen weisen auf emotionale Verletzungen in Ihrer Vergangenheit hin.)

- Stehen Sie innerhab Ihrer Zeitlinie oder außerhalb (davor, dahinter, darüber, darunter)?

- Versuchen Sie, ein möglichst klares Bild von Ihrer persönlichen Zeitlinie zu gewinnen. Wenn Ihnen das gelungen ist, probieren Sie aus, ob Sie durch Verschiebung der Submodalitäten Ihrer Time-Line positive Veränderung herbeiführen können: Experimentieren Sie mit

  Form

  Struktur

  Position

  Farben usw.

Dabei werden Sie feststellen, dass Sie Ihre Time-Line zwar nicht beliebig verändern können, doch dass sich schon ein paar kleine Veränderungen enorm positiv auf Ihr Befinden auswirken können. Es lohnt sich, immer wieder einmal die persönliche Time-Line zu erkunden!

- Machen Sie sich Notizen über Ihre Gedanken.

Erinnerungen haben Auswirkung auf die Zukunft. Es sind verhaltensbestimmende Erfahrungen, derer wir uns oft kaum bewusst sind.

NLP-Methode – History Change

Anwendung: alte Lernerfahrungen, die das gegenwärtige Verhalten beeinflussen, durch neue Erfahrungen ergänzen

1. Time-Line etablieren und Gegenwartsanker setzen

2. Belastendes Gefühl/Verhalten bestimmen (VAKOG)

3. Vom Gegenwartspunkt rückwärts zur Vergangenheit gehen

4. Aus Time-Line austreten

5. Erste Erinnerung an belastendes Gefühl/Verhalten dissoziiert betrachten

6. Situation mit Ressourcen aufladen

7. In die etablierte Time-Line wieder eintreten

8. Von »erster Erinnerung« auf der Time-Line bis zur Gegenwart gehen

9. Am Gegenwartspunkt Gegenwartsanker abrufen – ins Jetzt zurückkehren

10. Future Pace

Es scheint zunächst schwer akzeptabel, Erinnerungen zu verändern. Ganz unbewusst tut das Gehirn aber manchmal nichts anderes und mildert unmerklich die Erinnerung an ein schreckliches Geschehen ab, bis es erträglicher wird.

Die festgelegte Zeitlinie

Im NLP gibt es aber auch noch eine ganz andere Möglichkeit, mit einer Time-Line zu arbeiten. Während wir gerade über Ihre individuelle Zeitlinie gesprochen haben, wird es nun um eine festgelegte Zeitlinie gehen – um die »objektive« Zeit, in der sich Ihr Leben abgespielt hat. Wir betrachten jetzt also nicht die Gestalt Ihrer persönlichen Zeitlinie, sondern die zeitliche Anordnung der Erlebnisse Ihrer Vergangenheit – mit dem Ziel, bedeutsame Punkte aufzufinden, Erlebnisse, die Sie heute noch negativ beeinflussen, und diese Erlebnisse positiv umzustrukturieren. Das wird geschehen, indem Sie die damaligen Erlebnisse neu erleben und mit den positiven Ressourcen, über die Sie heute verfügen, anreichern.

Der erste Schritt

Etablieren Sie die Time-Line, und setzen Sie einen Gegenwartsanker.
Die Übung beginnt damit, dass Sie eine Zeitlinie kinästhetisch aufbauen: Das bedeutet, Sie legen eine Schnur im Raum aus oder bilden mit einem Klebeband eine Linie, an der Sie entlanggehen können und die

den Fluss der Zeit symbolisiert. Ist dies räumlich nicht möglich, können Sie als Alternative eine Linie auf dem Schreibtisch legen, die Sie mit dem Finger abfahren können. Diese Zeitlinie dient dazu, einen kinästhetischen Anker für bestimmte Zeitpunkte in Ihrem Leben zu bilden. Sie beginnen nun an einem Ende der Linie (d. h., Sie stellen sich an ein Ende der Linie bzw. legen Ihren Finger an ein Ende der Linie) – dieser Punkt ist die Gegenwart.

Machen Sie sich voll und ganz bewusst, dass Sie hier und jetzt in der Gegenwart sind. Setzen Sie einen kinästhetischen (körperlichen) Anker, der mit dem Gegenwartsgefühl verbunden ist.

Der zweite Schritt

Bestimmen Sie das belastendes Gefühl/Verhalten (VAKOG). Machen Sie sich klar, an welchem Gefühl oder welcher Verhaltens- oder Denkweise, die Sie einschränkt, Sie arbeiten wollen. Bestimmen Sie diesen Zustand möglichst genau, indem Sie seine Submodalitäten erkunden. Ankern Sie diesen Zustand kinästhetisch (Problem-State-Anker – PS-Anker). Natürlich muss der PS-Anker ein anderer als der Gegenwartsanker sein.

Der dritte Schritt

Gehen Sie vom Gegenwartspunkt rückwärts zur Vergangenheit. Sie gehen nun – während Sie den PS-Anker halten – langsam vom Gegenwartspunkt aus rückwärts entlang der Zeitlinie in Ihre Vergangenheit. An jedem Punkt, an dem Sie das Gefühl haben, dass dort eine Erinnerung an das belastende Gefühl/Verhalten/Denken eine Rolle spielte, halten Sie kurz inne und markieren diese Stelle (z. B. mit einem Klebeband oder einem Gegenstand).

Auf diese Art und Weise bilden Sie eine Erinnerungskette mit Bodenankern. Sie gehen so weit auf Ihrer Zeitlinie zurück, bis Sie zu der ersten (bzw. als ersten gedeuteten) Erinnerung dieser Art kommen.

Der vierte Schritt

Treten Sie aus der Time-Line hinaus. An dieser Stelle treten Sie aus der Zeitlinie heraus, lassen Sie den PS-Anker los und rufen den Gegenwartsanker auf. Sie stehen nun also neben der Zeitlinie, an dem Punkt der ersten Erinnerung, die mit dem negativen, belastenden Gefühl/

Natürlich können nur solche Erinnerungen verändert werden, die ins Bewusstsein treten. Manchmal werden schwere traumatische Ereignisse so ins Unterbewusste gedrängt, dass psychotherapeutische Unterstützung nötig ist, um sie bewusst zu erinnern und Möglichkeiten zu finden, damit zu leben.

Verhalten/Denken verknüpft ist, sind aber mit Ihrem Bewusstsein wieder ganz in der Gegenwart. Sie betrachten jetzt Ihre Vergangenheit von Ihrem heutigen Standpunkt aus.

Der fünfte Schritt

Betrachten Sie die erste Erinnerung an das belastende Gefühl/Verhalten. Sie erleben nun die damalige Situation nicht mehr assoziiert (nicht emotional beteiligt), sondern dissoziiert (Sie betrachten die Situation von außen).

Überlegen Sie nun, welche Ressourcen (Ideen, Verhaltensalternativen, Fähigkeiten), über die Sie heute verfügen, Ihnen damals geholfen hätten, die Situation anders, positiver zu erleben.

Der sechste Schritt

Laden Sie die Situation mit positiven Ressourcen auf. Suchen Sie bewusst nach Referenzerfahrungen für Ressourcen Ihres älteren, erfahrenen Selbst, visualisieren Sie die Ressourcenzustände assoziiert, verstärken Sie sie eventuell durch Veränderungen der Submodalitäten, und ankern Sie sie.

Der Ressourcenanker muss sich natürlich sowohl vom Gegenwarts- als auch vom PS-Anker unterscheiden. Außerdem ist es, wie Sie gleich sehen werden, günstig, wenn Sie den Ressourcenanker so wählen, dass Sie gleichzeitig den PS-Anker aufrufen können. Das ist beispielsweise wie folgt möglich:

- PS-Anker = rechte Hand auf die linke Schulter legen
- Ressourcenanker = linke Hand auf die rechte Schulter legen

Der siebte Schritt

Treten Sie wieder in die Time-Line ein. Treten Sie wieder in die Zeitlinie ein (an dem Punkt der ersten PS-Erinnerung), rufen Sie den PS-Anker auf, und erleben Sie die Situation assoziiert.

Während Sie den PS-Anker halten, rufen Sie nun gleichzeitig den Ressourcenanker auf. Da der Ressourcenzustand und der PS-Zustand nicht gleichzeitig verwirklicht werden können, wird der PS-Zustand gelöscht oder zumindest abgeschwächt. Diesen Vorgang verstärken Sie noch deutlich, indem Sie jetzt den Ressourcenanker weiterhin halten und den PS-Anker lösen.

Auch wenn es schwer fällt: Versuchen Sie, doch auch einmal die positive Absicht hinter negativen Erlebnissen oder Ereignissen zu finden. Manche können auf einer Ebene negativ sein, auf einer anderen jedoch einen Gewinn für Sie bedeuten. Vielleicht haben Sie bei einer schmerzvollen Trennung (negativ) endlich gelernt, Nein zu sagen (positiv).

Die individuelle Vergangenheit beeinflusst unser aktuelles Selbst ganz massiv. Aber Erinnerungen können verändert werden, ohne die Vergangenheit zu verfälschen. So lassen sich Gegenwart und Zukunft positiv stimulieren und gestalten.

Der achte Schritt

Gehen Sie von der »ersten Erinnerung« zurück zur Gegenwart. Sie lassen jetzt den Ressourcenanker wieder los und gehen entlang der Zeitlinie zurück. An jedem mit einer PS-Erinnerung markierten Punkt bleiben Sie kurz stehen und rufen Ihren Ressourcenanker auf.

Der neunte Schritt

Am Gegenwartspunkt rufen Sie den Gegenwartsanker auf. Wenn Sie schließlich am Gegenwartspunkt angelangt sind, rufen Sie den Gegenwartsanker auf und kehren ganz ins Hier und Jetzt zurück. Drehen Sie sich nun um, so dass Sie entlang der Zeitlinie sozusagen in Ihre Vergangenheit blicken. Überprüfen Sie, wie und ob sich Ihre Gefühle bezüglich Ihrer Vergangenheit verändert haben.

Wir verändern uns sowohl durch negative als auch durch positive Ereignisse. Ohne diese beiden Pole zu kennen, können wir uns nicht weiterentwickeln.

Der zehnte Schritt

Future Pace. Wenn Sie eine positive Veränderung ausmachen konnten, prüfen Sie nun auch die Auswirkungen auf Ihre zukünftigen Gefühle. Gehen Sie auf der Time-Line noch ein Stück weiter in die »Zukunft«, wobei Ihr Blick auf den Gegenwartspunkt gerichtet bleibt. Überprüfen Sie wieder, wie sich Gefühle, Verhalten und Denkweisen verändert haben.

Eventuell mit Coach üben

Die Technik History Change ist zugegebenermaßen ziemlich kompliziert, und Sie werden in der Regel besser damit zurechtkommen, wenn Sie dabei die Unterstützung von einem NLP-Coach haben. Doch wenn Sie es sich zutrauen (oder auch wenn Sie es sich nicht zutrauen und nur ein wenig experimentierfreudig sind), sollten Sie diese äußerst kraftvolle Technik ausprobieren.

Mit der Time-Line kann man sehr kreativ arbeiten: So können Sie beispielsweise die Swish-Technik (Seite 115), Body Mnemonics (Seite 85) oder die Phobia Cure (Seite 103) einsetzen, um an belastenden Erlebnissen in Ihrer Vergangenheit zu arbeiten – doch dies nur als Anregung für fortgeschrittene NLP-Anwender.

Bevor wir Ihnen nun noch eine ganz andere Möglichkeit zeigen, wie Sie Ihre Vergangenheit positiv beeinflussen können, hier noch ein kleiner Exkurs über die Kunst des Verzeihens.

Treten Sie auch mit sich selbst in eine Art Versöhnungszustand ein: Reagieren Sie bei alltäglichen Ärgernissen nicht gleich aufbrausend, sondern sprechen Sie sich immer den Satz vor: »Wer weiß, wozu es gut ist.« Durch diese neue Gelassenheit verbessern sich übrigens auch Ihre Durchblutung und der Gehirnstoffwechsel.

Über die Kunst zu verzeihen

Wie würden Sie wohl von jemandem denken, der einem anderen, der ihm einen Schaden zugefügt hat, von da an ständig einen großen Sack mit altem Schrott hinterher tragen würde? Derjenige, der den schweren Sack trägt, stöhnt unter seiner Last, während derjenige, dem er den Schrott hinterher trägt, darauf gar keinen Wert legt und dafür auch nicht im Mindesten dankbar ist, sich aber andererseits auch keineswegs gestört fühlt. Natürlich ist diese Vorstellung ziemlich abwegig – aber genau das geschieht andauernd.

Viele Menschen tragen denen, die ihnen Schaden zugefügt haben, die sie emotional verletzt haben, etwas nach. Nachtragend zu sein, ist absolut sinnlos. Weder nützt es dem Nachtragenden noch schadet es demjenigen, dem etwas nachgetragen wird.

Die Last abwerfen

Zu verzeihen ist dagegen einfacher, als Sie vielleicht meinen. Verzeihen ist, wenn Sie sich noch einmal das Bild des Nachtragens vergegenwärtigen, viel leichter, als nicht zu verzeihen. Wenn Sie jemandem, dem Sie etwas nachtragen, verzeihen, legen Sie eine große Last ab und werden sich fragen, weshalb Sie diese Last überhaupt so lange mit sich herumgeschleppt haben.

Personale Integration

Die Personale Integration (PI) ist eine Methode, die wir aus dem NLP, insbesondere dem Subpersönlichkeitsmodell und der Methode der Familienaufstellung, entwickelt haben. Mit der PI ist es möglich, auch sehr vielschichtige Erfahrungen, die bewusst nicht mehr aufgelöst werden können, ganzheitlich zu bearbeiten.

In der Personalen Integration geht es vorrangig darum, die Konstellation der Subpersönlichkeiten positiv umzugestalten. Während auf bewusster Ebene lediglich mit den Beziehungen der Subpersönlichkeiten zueinander gearbeitet wird (zum Subpersönlichkeitsmodell der PI siehe auch Seite 138), werden sich im Unterbewusstsein äußerst komplexe Veränderungen vollziehen, die sich auf alle Aspekte Ihrer Persönlichkeit auswirken können.

»Idee und Erfahrung werden in der Mitte nie zusammentreffen, zu vereinigen sind sie nur durch Kunst und Tat.« (Johann Wolfgang von Goethe)

Harmonisierung der Subpersönlichkeiten

Der große Vorteil dieser Methode besteht darin, dass überhaupt keine »Probleme« angesprochen werden – es findet nur eine Verbesserung der Beziehungen der Subpersönlichkeiten zueinander statt – das Modell geht davon aus, dass alle vorhandenen Probleme eben in ineffektiven Beziehungsmustern der Subpersönlichkeiten zueinander liegen. Durch die Verbesserung der Beziehungen lösen sich Denk-, Gefühls- und Verhaltensmuster, die als problematisch erlebt werden, allmählich automatisch auf – und zwar auf ökologische Weise, also ohne schädliche Verdrängung, Verschiebung oder sonstige ungewollte »Nebenwirkungen«.

So gehen Sie vor

Aber wir wollen nicht weiter im Theoretischen verweilen. Gehen Sie zunächst einmal die Liste im Kasten auf Seite 138 mit den wichtigsten Subpersönlichkeiten durch, und ergänzen Sie diese Liste eventuell dort, wo es Ihnen sinnvoll erscheint.

Sie können, wenn Ihnen eine weitere für Sie persönlich wichtige Subpersönlichkeit einfällt, diese eintragen – insbesondere natürlich in der letzten Spalte, die für Subpersönlichkeiten reserviert ist, die in keine allgemeine Kategorie passen, sondern für Sie ganz individuell bedeutsam sind.

Die wichtigsten Subpersönlichkeiten

Familien-SPs	Archetypische SPs	Sonder-SPs	Individuelle SPs
Inneres Kind	König/Königin	Symptom-SP	
Vater	Magier/Hexe	Innerer Arzt	
Mutter	Narr	Träumer	
Großmutter	Tod	Realist	
Großvater	Weiser/Weisheit	Kritiker	
Bruder/Schwester	Liebende(r)	Historiker	
Zwilling		Schauspieler	

Die Familien-SPs

Das »Innere Kind« ist eine wichtige Subpersönlichkeit: Das Kind in uns lebt fort, und so, wie wir als Erwachsener dem Kind helfen können, hat das Kind dem Erwachsenen viel zu geben. Es kann uns Dinge erzählen, die wir vergessen hatten, ebenso kann unser erwachsener Teil dem Kind Dinge erklären, die es nicht verstanden hat.

Die Familien-SPs sind sozusagen unsere verinnerlichten Familienmitglieder. Bei der Bearbeitung der Vergangenheit spielen diese Subpersönlichkeiten eine besondere Rolle, vor allem:

● *Inneres Kind:* der kindliche Teil unserer Persönlichkeit, der verletzlich, formbar, kreativ und neugierig ist. Emotionale Verletzungen in unserer Kindheit wirken sich zu einem Großteil hier aus. Die Arbeit mit dem Inneren Kind ist daher meist besonders wichtig.

● *Vater:* der Vater, wie wir ihn als Kind wahrgenommen haben, aber auch der Vater im weiteren Sinne – der Bestimmende, Beherrschende, im Positiven wie im Negativen.

● *Mutter:* die Mutter als intimste Vertrauens- und Bezugsperson der frühen Kindheit; die Ernährerin und Schützerin, die erste Lehrerin, im Guten wie im Schlechten.

Die archetypischen SPs

Die archetypischen Subpersönlichkeiten sind Urmuster, die das Erbe unserer gesamten Kultur sind. Sie spielen eine wichtige Rolle für unsere Werte und unsere Sichtweise der Welt.

● *König/Königin:* die übermächtige, unangreifbare Leitfigur, die weit entfernt scheint, aber die weltlichen Aspekte unseres Lebens bestimmt; eine Figur, die Liebe und Hass gleichermaßen wecken kann

● *Magier/Hexe:* der Teil unseres Unterbewussten, der ganzheitlich und magisch denkt, fühlt und handelt; oft die Quelle unserer Intuition

● *Narr:* der wirklich freie Teil unseres Selbst, der unabhängig von Konventionen, Erfahrungen, Logik und Rationalität agiert

● *Tod:* der Teil von uns, der sich der Begrenztheit und Endlichkeit alles Seienden bewusst ist – eine Subpersönlichkeit, die starke Energien, negative wie positive, freisetzen kann

● *Der Weise/die Weisheit:* der Teil in uns, der im Grunde weiß, worum es im Leben geht, der Ruhe und Erkenntnis vermittelt

● *Liebende(r):* die Subpersönlichkeit, die der Träger unserer Vorstellungen von Liebe und unserer liebevollen Gefühle ist

Sonder-SPs

Sonder-SPs sind Subpersönlichkeiten, die bei besonderen NLP- oder PI-Techniken eine zentrale Rolle spielen.

● *Symptom-SP:* der Teil unseres Unterbewussten, der sich in Form von Krankheitssymptomen artikuliert

● *Innerer Arzt:* unsere »Körperweisheit« – die Kraft in uns, die unsere Selbstheilungskräfte lenkt

● *Träumer, Realist, Kritiker:* über diese drei Subpersönlichkeiten haben wir im Rahmen der Walt-Disney-Technik gesprochen

● *Schauspieler:* der spielerische Teil in uns, der uns unbekannte Situationen bewältigen hilft, indem er einfach so tut als ob

● *Historiker:* der Teil von uns, der dissoziiert Erfahrungen sammelt und ohne Wertung einordnet

Die wenigen Stichwörter zu den einzelnen Subpersönlichkeiten sollen diese natürlich keineswegs abschließend beschreiben oder gar »definieren«, sondern Ihnen Anregungen geben, die es Ihnen erleichtern, sich ein eigenes Bild Ihrer Subpersönlichkeiten zu machen.

Mit sich selbst ins Reine kommen

Im Folgenden wollen wir Ihnen nun die wichtigste Standardtechnik der Personalen Integration, den so genannten SP-Setup, vorstellen. Beim SP-Setup werden Sie die für Sie wichtigsten Subpersönlichkeiten zunächst räumlich zueinander und zu Ihrem Persönlichkeitszentrum (Ihrem ICH) in Beziehung bringen und dann versuchen, diese Beziehungen Schritt für Schritt positiv zu verändern.

Sie können den SP-Setup als interessantes Spiel betrachten, mit dem Sie im Lauf der Zeit immer mehr über sich selbst erfahren und Ihre Möglichkeiten erweitern können – dieses Spiel kann Sie Ihr Leben lang begleiten und bereichern.

PI-Methode – SP-Setup

Anwendung: Grundtechnik der Personalen Integration (PI), Harmonisieren der Persönlichkeitsstruktur

1. Die individuell wichtigsten Subpersönlichkeiten ermitteln

2. Persönlichkeitszentrum stellen

3. SPs aufstellen

4. Nacheinander SP-Positionen verändern

5. Nacheinander mit SPs assoziieren und Fragen stellen

6. Bei Konflikten: Einsatz von vermittelnden NLP-Techniken

7. Unterbewusstes nach weiteren, noch nicht gestellten SPs befragen

Der erste Schritt

Legen Sie die für Sie wichtigsten Subpersönlichkeiten fest. Sie sollten anfangs mindestens drei, aber höchstens fünf Subpersönlichkeiten festlegen, damit Sie nicht den Überblick verlieren. Im Lauf der Zeit können Sie dann immer mehr Subpersönlichkeiten hinzufügen und immer mehr Einsicht in Ihre Persönlichkeitsstruktur gewinnen.

Der zweite Schritt

Persönlichkeitszentrum stellen. Das »Subpersönlichkeitsbild« kann mit realen Personen (in der PI-Gruppenarbeit), auf dem Papier oder mit symbolischen Gegenständen auf einem »Spielfeld« dargestellt werden. Eine weitere Möglichkeit besteht darin, die verschiedenen Subpersönlichkeiten körperlich zu ankern – bei dieser Methode geht allerdings sehr schnell der Überblick verloren.

Da die Gruppenmethode für Sie in unserem Rahmen nicht infrage kommt, empfehlen wir Ihnen als unserer Erfahrung nach beste Methode die »Spielfeldmethode«: Eine Möglichkeit ist, ein gewöhnliches Schachbrett und Schachfiguren zu verwenden. Auf diese Art und Weise haben Sie sofort verschiedene Symbolfiguren für Ihre Subpersönlichkeiten zur Verfügung, können diese gruppieren und umordnen und haben ein deutliches Bild vor Augen.

Bestimmte Subpersönlichkeiten können Ihnen das Gefühl geben, dass etwas in Ihnen »gegen Sie« ist. Wann immer das so ist, sollten Sie diesen Meinungen unbedingt nachspüren, bis Sie verstehen, warum eine Subpersönlichkeit das sagt.

Der erste Schritt des SP-Setups besteht darin, dass Sie Ihr Persönlichkeitszentrum festlegen, also den Ort, an dem Sie in Ihrem Persönlichkeitsbild Ihr ICH sehen – das kann in der Mitte sein, am Rand, in einer Ecke ... eben so, wie Sie es empfinden. In der PI nennen wir dieses Persönlichkeitszentrum auch Integrationszentrum (IZ), da Ihr ICH der Ort ist, an dem letztlich alle Bestrebungen Ihrer Subpersönlichkeiten integriert, also miteinander verbunden werden. Stellen Sie also an diesem Ort die Figur auf, die Ihr ICH symbolisiert (oder zeichnen Sie auf dem Papier ein Symbol). Geben Sie Ihrem ICH-Symbol eine Orientierung: In welche Richtung blickt es, wo liegt seine Aufmerksamkeit? (Sie markieren also die Vorderseite Ihrer ICH-Figur bzw. zeichnen auf dem Papier eine Orientierung ein, beispielsweise mit einem kleinen Pfeil.) Es könnte natürlich sein, dass Ihr ICH Ihrem Gefühl nach eine Rundumorientierung hat, dass also die Aufmerksamkeit in alle Richtungen gleichmäßig verteilt ist – in diesem Fall zeichnen Sie natürlich keine Orientierung ein. Sie haben nun Ihr Persönlichkeitszentrum festgelegt, um das sich Ihre Subpersönlichkeiten gruppieren.

Wenn Sie kein Spielbrett für die Darstellung des Subpersönlichkeitsbilds haben, nehmen Sie sich einfach ein Blatt Papier und einen Stift, und zeichnen Sie die Konstellationen auf.

Der dritte Schritt

SPs aufstellen. Gehen Sie nun nacheinander die Subpersönlichkeiten durch, die Sie aufstellen möchten, und gehen Sie dabei vor wie beim Aufstellen Ihres Integrationszentrums. Setzen Sie einen Körperanker für die SP, mit der Sie jetzt arbeiten wollen, und assoziieren Sie sich mit dieser SP.

Sie stellen (oder zeichnen) also jede Subpersönlichkeit so, wie sie ihrer Beziehung zu Ihrem Persönlichkeitszentrum, Ihrem ICH entspricht. Achten Sie auch dabei auf die Orientierung der betreffenden Subpersönlichkeit: Ist sie in dieselbe Richtung orientiert wie Ihr IZ (Integrationszentrum), ist sie Ihrem IZ zugewandt oder ist sie in eine gänzlich andere Richtung orientiert?

Wenn Sie alle ausgewählten SPs gestellt haben, haben Sie ein erstes Bild von Ihrer augenblicklichen Persönlichkeitsstruktur vor Augen. Vielleicht fallen Ihnen bereits jetzt schon einige Dinge auf, die möglicherweise die volle Entfaltung Ihres Potenzials blockieren. Das könnte beispielsweise der Fall sein, wenn verschiedene Ihrer wichtigen SPs ganz unterschiedliche Orientierungen haben, wenn die SPs zwei gegensätzlich orientierte Gruppen bilden, wenn eine SP sich in einer ungewöhn-

Sie wollen das Innere Kind aufstellen: Sie legen die Hand z. B. auf Ihren Bauch und versetzen sich assoziiert in die Lage des Inneren Kindes – d. h., Sie sind nun für eine Weile das Innere Kind.

lichen Entfernung oder Nähe zu Ihrem IZ befindet. Es ist aber nicht nötig, die Positionen rational zu analysieren. Nehmen Sie sich Zeit, Ihren SP-Setup zu betrachten, und nehmen Sie wahr, was Ihnen daran nicht harmonisch und unpassend erscheint.

Der vierte Schritt

Nacheinander die SP-Positionen verändern. Gehen Sie nun daran, allmählich die Positionen Ihrer SPs zu verändern. Dabei arbeiten Sie vorerst immer nur mit einer einzelnen SP zu einer Zeit. Wenn Ihnen beim Betrachten Ihres SP-Bilds bereits etwas aufgefallen ist, haben Sie schon einen ersten Anhaltspunkt, wo Sie mit Veränderungen ansetzen können. Ist das nicht der Fall, macht das auch nichts: Gehen Sie dann einfach der Reihe nach die ausgewählten SPs durch. Sie können dabei Folgendes verändern:

Betrachten Sie den SP-Setup als ein »Persönlichkeitsspiel«, mit dem Sie mehr über sich selbst erfahren, Ihr Leben bereichern und Ihre Vergangenheit heilen können.

● Die Entfernung vom Integrationszentrum (IZ)
● Die Ausrichtung (Blickrichtung) in Bezug auf das IZ
● Die Position (vorne/hinten, rechts/links) in Bezug auf Ihr IZ

Achten Sie bei jeder Veränderung darauf, ob Sie das Gefühl haben, dass die Harmonie des Gesamtbilds zunimmt, das Persönlichkeitsbild jedoch auf jeden Fall immer noch Ihrer Persönlichkeit entspricht.

Der fünfte Schritt

Nacheinander mit SPs assoziieren und Fragen stellen. Nach jeder Veränderung der Position einer SP ist es wichtig festzustellen, ob diese Veränderung mit dem Wesen und den Bestrebungen der SP auch wirklich übereinstimmt. Dazu assoziieren Sie sich wieder mit der betreffenden SP und stellen fest:
● Ob Einverständnis mit der Veränderung besteht
● Was die bevorzugte Position der SP wäre
Sie können nun die Position gegebenenfalls weiter anpassen.

Der sechste Schritt

Bei Konflikten: Einsatz vermittelnder NLP-Techniken. Beim Befragen der SPs wird es mitunter zu Konflikten kommen. So kann es sein, dass zwei SPs die gleiche Position einnehmen wollen, die Nähe einer anderen SP nicht wünschen oder mit keinerlei Veränderungen, die Sie vornehmen wollen, einverstanden sind.

Wann immer Sie auf einen solchen Konflikt stoßen, haben Sie einen wichtigen Punkt in Ihrer Persönlichkeitsstruktur entdeckt. An dieser Stelle liegt mit Sicherheit eine der Wurzeln eines Problems, das Sie bei der Verwirklichung Ihres Potenzials behindert.

An diesen Stellen ist es sinnvoll, vermittelnde NLP-Techniken einzusetzen, z. B. Intentional Blend (Seite 111), Swish (Seite 115) oder die Dialogtechnik, wie Sie sie beispielsweise beim Dialog mit dem Inneren Freund (Seite 91) kennen gelernt haben.

Der siebte Schritt

Unterbewusstes nach weiteren, noch nicht gestellten SPs befragen. Wenn Sie mit allen ausgewählten SPs gearbeitet haben, können Sie nun die Frage nach weiteren wichtigen Subpersönlichkeiten stellen. Der Komplexität Ihrer Persönlichkeit entspricht eine Vielzahl von Subpersönlichkeiten, die Sie nach und nach in Ihren SP-Setup mit einbeziehen können.

Der SP-Setup ist sicherlich die komplizierteste Methode in diesem Buch. Wir haben sie Ihnen jedoch trotzdem hier vorgestellt, weil wir davon überzeugt sind, dass sie sich für die individuelle Arbeit an der Tiefenstruktur der Persönlichkeit eignet wie keine andere.

Die Etappenziele dieses Kapitels

● Sie haben erfahren, wie Sie belastende Erlebnisse in Ihrer Vergangenheit aufarbeiten können.

● Sie wissen nun, dass die Vergangenheit nichts ein für alle Mal Feststehendes ist, da unsere Erinnerungen nicht wie Videoaufzeichnungen funktionieren.

● Sie haben die persönliche Zeitlinie (Time-Line) entwickelt und geübt, sie durch Veränderungen ihrer Submodalitäten positiv zu verändern.

● Sie haben mit dem History Change eine Methode kennen gelernt, die es Ihnen ermöglicht, Ihre Vergangenheit positiver zu gestalten.

● Sie haben Verzeihen gelernt und gesehen, weshalb es sinnlos ist, anderen etwas nachzutragen.

● Sie haben mit dem SP-Setup eine Technik der Personalen Integration kennen gelernt, um all Ihre Möglichkeiten zu einem harmonischen Ganzen zusammenzuführen.

Gesundheit
als Weg

Sich in seiner Haut wohl fühlen

Der natürliche Zustand unseres Körpers ist der Zustand, den wir als Gesundheit bezeichnen. In der mentalen Landkarte vieler Menschen ist jedoch die Gesundheit nicht verzeichnet – Gesundheit ist dann lediglich die relative Abwesenheit von Krankheiten. Dieser Sicht der Dinge hat sich bedauerlicherweise auch die Hauptströmung der Medizin verschrieben, die sich immer noch darauf konzentriert, Schäden, Störungen, Fehlfunktionen zu »reparieren«.

Dass eine andere Sichtweise durchaus möglich ist, illustriert ein chinesisches Sprichwort recht gut: »Ein guter Arzt hat keine kranken Patienten.« Natürlich wäre ein solcher »guter Arzt« bei uns auf Arbeitslosenhilfe angewiesen, denn die meisten Menschen gehen nun einmal nur zum Arzt, um sich »reparieren« zu lassen. Effektiv ist das allerdings keinesfalls.

»Nicht gegen, sondern für etwas zu sein, verdeutlicht den Weg zur Lösung.« (Else Pannek)

Fixierung auf Krankheit macht krank

Das wird deutlich, wenn wir uns einmal ansehen, was geschieht, wenn wir unsere Aufmerksamkeit auf Krankheit und wenn wir sie auf Gesundheit richten. Die Fixierung auf Krankheit führt zu Angst vor Krankheiten, Verspannungen und zu unbewussten Autosuggestionen, die Krankheiten eher förderlich sind. Die Fixierung auf Gesundheit führt zu Lebensfreude, Entspannung und positiven Autosuggestionen, die das Immunsystem aktivieren und die Gesundheit fördern. Nun – suchen Sie sich eine von beiden Möglichkeiten aus.

Natürlich ist es mit positivem Denken allein nicht getan. Es ist aber schon wichtig zu verstehen, dass es sinnvoller ist, den positiven Zustand »Gesundheit« direkt und bewusst wahrzunehmen und anzustreben und nicht immer erst dann, wenn das natürliche Gleichgewicht gestört ist, einzugreifen.

Gesundheit ist nicht das Fehlen von Krankheiten, sondern Krankheit ist das Fehlen des gesunden Gleichgewichts. Zwischen diesen beiden Sichtweisen besteht ein großer Unterschied.

PI-Methode – Symptomdialog

Anwendung: Krankheitssymptome integrieren und damit unnötig machen

1. Subpersönlichkeiten (SPs) benennen

2. SPs ankern

3. SPs befragen

4. Nacheinander die verschiedenen SPs aktivieren und antworten lassen

5. SPs Ressourcen austauschen lassen

6. Alle SPs befragen, ob sie mit Veränderungen einverstanden sind

7. SP-Gruppe als kooperationsbereite Einheit ankern

Das Gleichgewicht bewahren

»Gesundheit kommt vom Herzen, Krankheit geht zum Herzen.« (aus der Tschechoslowakei)

Wenn Sie Ihren gesunden Gleichgewichtszustand als Aktivität auffassen, können Sie bereits kleinste Abweichungen von diesem Gleichgewicht wahrnehmen und ihnen gegensteuern.

Nehmen Sie sich die Zeit, das Gefühl »Ich bin gesund« einmal genau anzusehen. Lösen Sie es in seine Submodalitäten auf, und probieren Sie, ob Sie dieses Gefühl durch kleine Veränderungen in den Submodalitäten vielleicht sogar noch verstärken können.

Mit NLP können Sie einiges dazu tun, Ihre Gesundheit zu bewahren und nicht aus dem Gleichgewicht zu kommen – und natürlich auch sinnvoll zu handeln, wenn das doch einmal geschieht. Und selbstverständlich geschieht das ständig: Gesundheit ist kein einmal fixierter Zustand, sondern eine Aktivität.

Mit der Krankheit sprechen

Wenn Sie nun tatsächlich einmal deutlich aus dem Gleichgewicht der Gesundheit geraten sind (also »eine Krankheit bekommen haben«), sehen Sie vielleicht die Krankheit als einen Feind, der bekämpft werden muss. Diese Einstellung hilft Ihnen aber vorläufig gar nicht weiter. Was Sie zunächst einmal bekämpfen wollen, sind natürlich die Krankheitssymptome.

Die Sprache der Symptome

Es hat sich oft als sinnvoll erwiesen, die Symptome als Äußerungen des eigenen Körpers zu begreifen und ihnen im Rahmen des Subpersönlichkeitenmodells eine positive Absicht zu unterstellen. Und hier können Sie mit einer Methode ansetzen, die Sie ja schon in anderen Zusammenhängen kennen gelernt haben: Sie führen einen kreativen Dialog mit beteiligten Subpersönlichkeiten.

Es ist nur verständlich, wenn Sie erst einmal unangenehmen Krankheitssymptomen gegenüber eine sehr ablehnende und negative Haltung haben – natürlich wollen Sie sich letztendlich wohl fühlen. Erstaunlicherweise gelingt Ihnen das erfahrungsgemäß aber viel leichter, wenn Sie versuchen, die positive Absicht eines Symptoms zu klären – oft wird allein dadurch das Symptom unnötig! Dazu sollten Sie die folgenden sieben Schritte vornehmen.

»Nicht, was wir sehen, wohl aber, wie wir sehen, bestimmt den Wert des Gesehenen!« (Blaise Pascal)

Der erste Schritt

Subpersönlichkeiten (SPs) benennen. Zwei SPs sind beim Symptomdialog obligatorisch: die Symptom-SP und die Innerer-Arzt-SP.

Daneben können Sie auch noch ein bis drei weitere beteiligte SPs ansprechen, von denen Sie annehmen, dass sie eine Rolle in diesem Zusammenhang spielen könnten.

Der zweite Schritt

SPs ankern. Wie Sie es ja mittlerweile schon vom Arbeiten mit Subpersönlichkeiten gewohnt sind, ankern Sie jede SP mit einem kinästhetischen Körperanker – beispielsweise legen Sie die Hand auf die Stirn oder auf das Herz, wenn Sie den Inneren Arzt sprechen lassen. Legen Sie die Hand auf eine für das Symptom charakteristische Stelle, wenn die Symptom-SP spricht.

Der dritte Schritt

SPs befragen. Bevor Sie den Dialog zwischen den SPs beginnen lassen, stellen Sie allen beteiligten SPs die üblichen Fragen nach eigener positiver Absicht, das Wissen um die Existenz der anderen SPs und das Wissen um die positive Absicht der anderen SPs. Klären Sie außerdem die Bereitschaft zur Kooperation der verschiedenen SPs untereinander (und den eventuellen Bedingungen dafür).

Der Dialog mit den Symptomen einer Krankheit ist eine hervorragende Möglichkeit, über Kopfarbeit gesundheitliche Probleme in den Griff zu bekommen.

Der vierte Schritt

Wenn Sie die Fragen »Wollen Sie?«, »Können Sie?« und »Geben Sie sich eine Chance?« mit Ja beantworten können und somit vollkommen sicher hinter einer Sache stehen, können Sie mit den NLP-Techniken eine Veränderung schnell und effektiv herbeiführen.

Nacheinander SPs aktivieren und antworten lassen. Nun lassen Sie den Dialog beginnen, indem Sie nacheinander die SP (mit Hilfe des jeweiligen Ankers) aktivieren und sprechen lassen. (Es ist auch hier sinnvoll, nicht selbst als Gesamtpersönlichkeit das Gespräch zu moderieren, sondern die Moderator-SP einzusetzen.)

Der fünfte Schritt

SPs Ressourcen austauschen lassen. Ziel des Gesprächs sollte neben der wechselseitigen Kooperation der Subpersönlichkeiten ein Austausch von Ressourcen sein. Jede SP hat wertvolle Ressourcen zu bieten!
So hat beispielsweise die Symptom-SP offensichtlich die Möglichkeit, körperliche Vorgänge zu beeinflussen – eine Fähigkeit, die der Innere Arzt sicher zu schätzen weiß.

Der sechste Schritt

Alle SPs befragen, ob sie mit den Veränderungen einverstanden sind. Wenn ein gegenseitiges Verständnis und eine gemeinsame Zielsetzung erreicht ist, sollten Sie noch einmal alle SPs befragen, ob sie mit der Veränderung wirklich ganz einverstanden sind (Eco-Check), um negative Konsequenzen zu vermeiden.

Der siebte Schritt

SP-Gruppe als kooperationsbereite Einheit ankern. Wenn auch der Eco-Check positiv ausgefallen ist, sollten Sie alle beteiligten SPs als »Arbeitsgruppe« ankern und auf diese Weise eine Art Meta-SP herstellen, die mit vereinten Kräften an Ihrer Gesundheit arbeitet.

Die Wurzeln der Krankheit entdecken

Mit dem Symptomdialog können Sie mehr für sich erreichen, als nur ein lästiges Symptom loszuwerden: Sie können die positive Absicht des Symptoms verstehen und dadurch an sinnvollen Handlungsmöglichkeiten dazugewinnen.

Und Sie werden Ihr Symptom nicht unterdrücken, sondern vielmehr Ihr Unterbewusstsein dazu anregen, mit seiner ganzen Kraft an den Wurzeln der Krankheit zu arbeiten.

Die Bewertung der Krankheit verändern

Eine hervorragende Möglichkeit, Krankheitssymptome und Schmerzen kurzfristig umzuwandeln, besteht darin, ihre Submodalitäten zu verändern. Wenn nur ein Aspekt eines komplexen Zustands (z. B. Schmerz) verändert wird, verändert sich die gesamte Bewertung. Insbesondere in der Schmerztherapie, aber auch bei Tinnitus oder Ängsten kann diese Methode auf erstaunliche Erfolge verweisen.

»Das Alter hat auch gesundheitliche Vorteile. Z. B. verschüttet man ziemlich viel von dem Alkohol, den man gern trinken möchte.« (André Gide)

NLP-Methode – Submodalitäten umformen

Anwendung: Schmerz- oder andere unangenehme Wahrnehmungen durch Veränderung ihrer Submodalitäten umwandeln

1. Machen Sie sich ein genaues Bild von dem unangenehmen Zustand.

2. Verändern Sie einzelne Eigenschaften des Bilds.

3. Ankern Sie das neue Bild.

Der erste Schritt

Machen Sie sich ein genaues Bild von dem Zustand oder der unangenehmen Wahrnehmung. Zunächst nehmen Sie Schmerzen als Ganzheit wahr – eben als »Schmerz«. Achten Sie nun darauf, welches »Bild« der Schmerzzustand genau hat: welche »Form«, welche »Farbe«, welche »Struktur«, welche »Temperatur«, welche »Bewegung«, welchen »Geschmack«, welchen »Geruch«?

Suchen Sie alle Eigenschaften, die Sie mit dem Schmerz assoziieren können. (Sie können dabei die Liste der Submodalitäten auf Seite 16f. zu Hilfe nehmen.) Selbstverständlich hat der Schmerz keine Farbe, Temperatur usw. – aber Sie wissen ja, dass jede komplexe Wahrnehmung aus »Wahrnehmungsatomen«, den Submodalitäten, besteht. Versuchen Sie, diese herauszufinden. Dabei ist es wichtig, dass das Bild emotional stimmig ist – es reicht nicht, auf der sprachlichen Ebene zu bleiben! Prüfen Sie daher auch, welche Gefühle Sie bei der Schmerzempfindung haben: Ist Ihnen eher warm oder kalt, sind Sie ärgerlilch, mutlos, schlapp?

Sie können ein Krankheitssymptom auch als eine Art Geschenk betrachten (z. B. Stresskopfschmerzen), das Sie in die Lage versetzt, bestimmte notwendige Veränderungen endlich vorzunehmen.

Der zweite Schritt

Verändern Sie einzelne Eigenschaften des Bilds. Beginnen Sie, sobald Sie ein lebendiges und stimmiges Bild von der Schmerzwahrnehmung haben, einzelne Submodalitäten zu verändern, und achten Sie dabei auf die Veränderung der Schmerzwahrnehmung. Ändern Sie die Farbe, die Bewegung, die Struktur usw. in Ihrem Bild. Sie werden feststellen, dass sich dabei der Schmerz verändert.

Intensivieren und festigen Sie allmählich Vorstellungen, die den Schmerz geringer werden lassen, und entfernen Sie sich schrittweise von Veränderungen, die den Schmerz gleich bleiben lassen oder sogar noch verstärken.

Der dritte Schritt

Ankern Sie das neue Bild. Wenn Sie die Veränderungen der Submodalitäten so weit durchgeführt haben, dass sich die Schmerzwahrnehmung zu einer neutralen oder sogar positiven Empfindung verändert hat, ankern Sie den Zustand (kinästhetisch oder auditiv), so dass Sie, wenn die Schmerzempfindung wieder auftreten sollte, sie durch das Abrufen dieses Ankers blitzschnell neutralisieren können.

Auch wichtig – die Schmerzursache

Auch wenn diese Technik äußerst effektiv ist und es den meisten Menschen innerhalb weniger Minuten gelingt, selbst starke Schmerzen abzustellen oder stark zu verringern, sollten Sie im Auge behalten, dass das Verändern der Submodalitäten selbstverständlich nicht die Ursache der Schmerzen verändert.

Wenn Schmerzen ein wichtiges Signal darstellen, werden sie nach kurzer Zeit erneut auftreten. Es ist nicht sinnvoll, sie dann immer wieder durch Verändern der Submodalitäten bzw. durch das Abrufen des installierten Ankers zu unterdrücken.

Krankheit wird oft als etwas, das einen »ganz urplötzlich« überkommt, betrachtet. Denn obwohl unser Körper immer rechtzeitig zu erkennen gibt, dass etwas nicht in Ordnung ist, übersehen viele die Signale oder wollen sie oftmals auch nicht wahrhaben.

NLP-Methode – Symptom Reframing

Anwendung: eine neue Perspektive in Bezug auf eine Krankheit gewinnen

Bisheriger Frame	Reframing
Ich leide unter Symptom X.	Ich kann eine Botschaft meines Unterbewusstseins als Symptom X wahrnehmen.
Wegen Symptom X kann ich nicht …	Mein Unterbewusstsein bewahrt mich durch Symptom X vor …
Wenn ich Symptom X nicht hätte, wäre ich gesund und glücklich.	Mein Unterbewusstsein gibt mir durch Symptom X die Möglichkeit … Würde ich die Botschaft nicht bekommen, würde mir das fehlen.
Ich muss mich behandeln lassen/Medikamente einnehmen/mich einer Operation unterziehen, um Symptom X zum Verschwinden zu bringen.	Ich bin dankbar für die Botschaft Symptom X – sie gibt mir einen Hinweis darauf, wie ich mein Leben sinnvoller gestalten kann.

Den Arztbesuch nicht verschieben

Im Fall von Schmerzen, die einen Heilungsprozess begleiten (z. B. Wundschmerzen nach einer Operation), ist dies sicher sinnvoll, auf keinen Fall aber sollten Sie unklare Schmerzen oder Schmerzen, die zeigen, dass eine Behandlung notwendig ist (z. B. Zahnschmerzen), längerfristig durch das Verändern ihrer Submodalitäten unterdrücken. Das funktioniert zwar, kann aber natürlich zu schweren Gesundheitsschäden führen, wenn das zugrunde liegende Problem nicht behoben wird. Das Umformen von Submodalitäten funktioniert prinzipiell immer. Wenn die Technik keine Besserung bringt, heißt das, dass die bildhafte Vorstellung nicht wirklich emotional stimmig durchgeführt wurde. Je intensiver und vielseitiger das innere Bild ist, desto größer wird der Erfolg sein.

Ein Symptom existiert nicht um seiner selbst willen, sondern, weil es will, dass wir unsere Aufmerksamkeit darauf richten. Sobald wir lernen, es anzunehmen, an etwas zu arbeiten, damit es verschwindet, kann es tatsächlich auch wieder verschwinden.

Einen neuen Rahmen geben

Eine häufig im NLP eingesetzte Methode ist das Reframing – einer Sache einen neuen Bezugsrahmen geben. Das Prinzip ist folgendes: Eine Situation, z. B. ein Muskelkater, wird dann als unangenehm empfunden, wenn die Bewertung negativ ist.

Gelingt es, die Bewertung (nicht rational, sondern gefühlsmäßig) zu verändern, wird die Situation als weniger negativ oder sogar positiv empfunden: Statt den Muskelkater als Schmerz wahrzunehmen, kann man ihn auch als Zeichen dafür sehen, dass die sportliche Betätigung tatsächlich die Muskulatur effektiv beansprucht und gestärkt hat – und ihn dann beinahe genießen.

Im Grunde ist das Reframing ein Verändern der Submodalitäten (siehe oben) auf einer übergeordneten Ebene; das innere Gesamtbild wird durch eine gefühlsmäßig stimmige Neuinterpretation verändert – und damit auch die subjektive Wahrnehmung.

Reframing ist eine Methode, die Kreativität verlangt. Wenn jedoch erst einmal ein akzeptabler, neuer Rahmen gefunden wird, kann eine unmittelbare, sofortige Veränderung eintreten. Ein sinnvoller Einsatz des Reframing ist die Neuinterpretation von Krankheitssymptomen. Statt die Krankheit als unangenehmes, zu beseitigendes Leiden zu betrachten, ist es meist subjektiv und objektiv effektiver, die Symptome als Signal des Unterbewussten aufzufassen, das zu Veränderungen aufruft.

Ein kritischer Mensch wird möglicherweise zu bedenken geben, dass die »Interpretation« von Krankheitssymptomen reine Spekulation sei. Doch darum geht es überhaupt nicht! Es ist zunächst einmal gleichgültig, ob die Interpretation stimmt oder nicht – sie muss nur subjektiv stimmig sein!

»Es gibt keine heilende Kraft außerhalb deines Körpers.« (Isaac Jennings)

Ein Fallbeispiel

Ein verblüffendes Beispiel für die Wirksamkeit eines Reframing zeigte ein Klient, der unter starken Kopfschmerzen litt, bis er vom Reframing erfuhr und für seine Schmerzen eine neue Interpretation fand: »Da ist eine Stelle in meinem Kopf, an der gerade neue Ideen entstehen.«
Als er diesen neuen Rahmen gefunden hatte, verschwanden die Kopfschmerzen augenblicklich. Es kommt also nicht im Mindesten darauf an, dass die neue Interpretation rational und »wahr« ist, sondern nur darauf, dass sie Ihr Unterbewusstsein akzeptiert.

Die Etappenziele dieses Kapitels

- In diesem Kapitel haben Sie Anregungen bekommen, wie Sie die Methoden des NLP für Ihre Gesundheit einsetzen können.

- Sie wissen nun, warum es sinnvoller ist, sich auf seine Gesundheit statt auf seine Krankheit zu konzentrieren.

- Im Symptomdialog haben Sie erfahren, dass Sie mit Ihrer Krankheit »sprechen« und damit auch Symptome integrieren und sogar unnötig machen können.

- Sie haben gelernt, dass Sie durch das Verändern von Submodalitäten die Wahrnehmung von Krankheitssymptomen, z. B. Schmerzen, verändern können.

- Sie haben gesehen, wie Sie durch Reframing eine ganz neue Perspektive in Bezug auf eine Krankheit gewinnen und damit Beschwerden in positive Energie verwandeln können.

- Sie wissen auch, dass NLP nicht den Arzt ersetzen kann.

NLP-Coaching

Wie professionelle Mentaltrainer arbeiten

»Coach« ist das englische Wort für einen Trainer oder Betreuer. Die meisten NLP-Vertreter verwenden lieber den Begriff »Coach« als »Psychotherapeut«. Darin zeigt sich auch das Selbstverständnis des NLP: Derjenige, der eine Veränderung erzielen will, ist nicht »krank«, braucht keine Therapie, sondern einen »Trainer«, der ihn dabei unterstützt, seine – bereits vorhandenen – Ressourcen möglichst effizient und umfassend zu nutzen. Außerdem wird NLP zu einem großen Teil auch ganz außerhalb eines therapeutischen Settings eingesetzt, beispielsweise zur Steigerung der persönlichen Motivation, zur Erweiterung der kommunikativen Fähigkeiten oder zur Leistungssteigerung im Sport. Das Ergebnis des NLP-Trainings kann zwar durchaus auch die Befreiung von psychischen oder körperlichen Problemen sein – doch nicht als Ergebnis einer »Heilbehandlung«, sondern allein deshalb, weil der Klient mit Hilfe seines Coachs gelernt hat, sein Potenzial besser als zuvor auszuschöpfen.

> »Man soll Denken lehren, nicht Gedachtes.«
> (Cornelius Gurlitt)

Die Möglichkeiten der Coachs

Wir haben uns mit diesem Buch zum Ziel gesetzt, NLP zur Verbesserung und Steigerung der eigenen Fähigkeiten, des eigenen Wohlbefindens und zur selbstbestimmten Veränderung zu vermitteln. Dennoch wollten wir nicht auf dieses Kapitel verzichten, das sich mit der professionellen Arbeit mit NLP beschäftigt. Wir meinen, dass dieses Kapitel in jedem Fall für Sie interessant sein wird, auch wenn Sie nicht beabsichtigen, NLP als therapeutische Methode einzusetzen oder als Mental- oder Motivationstrainer zu arbeiten. Sie werden einige interessante Dinge über die Sprache und die Körpersprache, die erstaunliche Aussagekraft von unbewussten Signalen und die Möglichkeiten, die die Trance bietet, erfahren. Wenn Sie mit den Techniken in diesem Buch bereits gute Erfahrungen gemacht haben, werden Sie vielleicht erstaunt sein, jetzt zu hören, dass die Möglichkeiten einer Veränderung mit Hilfe eines NLP-Trainers noch um ein Vielfaches größer sind.

So entsteht der Kontakt

1. Informieren

2. Zuversicht vermitteln

3. Vertrauen aufbauen

4. Informationen sammeln

5. Zielbestimmung (Well-formed Outcome)

Die Kontaktaufnahme

»Verstehen heißt,
mit dem Herzen
hellsehen.«
(Victor Hugo)

Der erste Eindruck ist tatsächlich sehr wichtig. Wenn der Coach (Psychotherapeut/Arzt) das erste Mal Kontakt mit einem Klienten aufnimmt, ist es besonders wichtig, dass sich der Klient sicher und gut aufgehoben fühlt und Vertrauen fassen kann, damit er sich mit einer positiven Grundeinstellung an seinen Zielen orientiert.

Auch für den Coach ist es wichtig, seinen Klienten mit seinen Einstellungen, seiner Vorgeschichte und seinen Besonderheiten kennen zu lernen, damit er für den Klienten sinnvolle und wirksame Wege aufspüren kann. Am wichtigsten für jeden Coach oder Therapeuten ist natürlich das Einfühlungsvermögen für seine Klienten. Dem steht nicht entgegen, dass bei der ersten Kontaktaufnahme eine Art Schema eingehalten wird.

Der erste Schritt

Informieren. Bevor irgendetwas anderes geschieht, ist es wichtig, dass der Klient ein erstes Vertrauen zu seinem Coach fassen kann. Die Basis für Vertrauen ist zunächst einmal Klarheit und Offenheit: Der Coach sollte also seinen Klienten kurz über die Arbeit mit NLP informieren – wie funktioniert es? Was hat der Klient zu erwarten?

Der richtige Ton ist dabei wichtig: Ein Coach, der seinen Klienten gleich mit NLP-Fachausdrücken überflutet, sollte sich noch einmal an eine Grundannahme des NLP erinnern: Die Bedeutung jeder Kommunikation liegt in ihrem Ergebnis. Eine langwierige Erläuterung der Bedeutung der Worte »neurolinguistisches Programmieren« ist ebenso kontraproduktiv wie der Versuch, sofort von Subpersönlichkeitsmodell, History Change, Reframing oder Ressourcen zu sprechen. Sprechen Sie die

Sprache Ihres Klienten! Sinnvoll ist es dagegen, die wichtigsten Grundannahmen des NLP (kurz und nicht zu theoretisch) zu erklären, vor allem den Unterschied zwischen der »mentalen Landkarte« und der Realität, die positive Absicht jeden Verhaltens und das Vorhandensein aller notwendigen Fähigkeiten im Klienten. Oft ist es auch hilfreich, den Unterschied zwischen dem Rahmen, in dem z. B. eine Heilbehandlung stattfindet, und dem NLP-Rahmen zu erläutern.

Der zweite Schritt

Zuversicht vermitteln. Schon bei der ersten Information Ihres Klienten ist es sinnvoll, ihm Zuversicht zu vermitteln: Natürlich sind Zweifel nicht »verboten« – aber natürlich wird Ihr Klient sein Ziel leichter und schneller verwirklichen können, wenn er davon überzeugt ist, dass NLP entscheidend dabei helfen kann. Jemand, der NLP gelernt hat und damit beginnt, das Gelernte weiterzugeben, verfügt in der Regel über eine große (und auch berechtigte) Begeisterung über die Möglichkeiten, die NLP eröffnet. Doch der Ausdruck der Begeisterung muss unbedingt dem Klienten angemessen sein: Ein Klient, der bereits psychotherapeutische Verfahren kennt und mit etwas Vorsicht an NLP herangehen will, wird einem überschwänglichen, scheinbare Wunder versprechenden Coach sicherlich eher mit Skepsis begegnen. Zeigen Sie Ihre eigene Zuversicht, aber missachten Sie nicht die Sichtweise Ihrer Klienten.

Wenn Sie bereits als Therapeut, Coach oder Lehrer arbeiten, wird Ihnen sicher einiges von dem, was wir im Folgenden sagen, bekannt sein. Aber gehen Sie ruhig noch einmal alles durch – vielleicht finden Sie wichtige neue Anregungen.

Heilbehandlung versus NLP

Behandlungsrahmen	NLP-Rahmen
● Orientierung an Problemen	● Orientierung an Zielen
● Frage nach dem »Warum« des Problems	● Frage danach, wie das Ziel zu erreichen ist
● Der Patient leidet und will davon befreit werden	● Der Klient will ein Ziel erreichen und das Notwendige lernen
● Alternative: Versagen versus Erfolg	● Kein Versagen, nur Rückmeldungen

Wichtig beim NLP ist das Selbstverständnis der Beteiligten: Es gibt keinen Therapeuten, sondern einen Coach oder Trainer, keinen Patienten, sondern einen Klienten.

Der dritte Schritt

Vertrauen aufbauen. Wenn Ihr Klient weiß, was ihn erwartet und er einigermaßen zuversichtlich der NLP-Arbeit entgegensieht, haben Sie bereits ein Grundvertrauen aufgebaut, das Sie für die weitere Arbeit vertiefen sollten. Da dieser Punkt so wichtig ist, insbesondere für die Trance, werden wir ihn später ausführlich behandeln. Hier nur soviel: Es gibt interessante Möglichkeiten, Vertrauen aufzubauen und sich auf einen Klienten einzustellen – die wichtigste ist das »Pacing«.

»Das Vertrauen gibt dem Gespräch mehr Stoff als der Geist.« (La Rochefoucauld)

Der vierte Schritt

Informationen sammeln. Vertrauen ist auch deshalb wichtig, damit der Klient frei über sich selbst berichten kann. Damit sich der Coach möglichst gut in den Klienten einfühlen und sich ein Bild von dessen Leben machen kann, ist es wichtig, dass er nicht nur das aktuelle Anliegen des Klienten kennt, sondern auch seine Lebensumstände und -bedingungen, wie beispielsweise:

● Familie und soziales Umfeld
● Ausbildung und Beruf
● Fähigkeiten und Interessen
● Abneigungen und Ängste

Neben diesen Grunddaten ist das Wichtigste das Selbstbild des Klienten. Die Arbeit an der Verbesserung des Selbstbilds wird oft ein Teil der NLP-Arbeit sein. Einen ersten Eindruck von dem Selbstbild Ihres Klienten können Sie durch zwei simple Fragen gewinnen – deren Antworten bereits viel über die mentale Landkarte aussagen:

- Was sind drei Wörter, die für Ihr Leben eine wichtige Rolle spielen?
- Was bedeuten diese Wörter für Sie genau?

Der fünfte Schritt

Wellformed Outcome. Nach der Vorarbeit wird es Zeit, mit der eigentlichen NLP-Arbeit zu beginnen. Und dieser Anfang sollte im NLP immer die Bestimmung eines Ziels sein, das der Klient anhand der Fragen des Wellformed Outcome (siehe Seite 45) für sich entwickelt.

In der Regel wird der Klient mit einer Problembeschreibung beginnen wollen. Ohne den Rapport, den emotionalen Kontakt, zum Klienten zu verlieren, sollten Sie versuchen, Ihren Klienten von einem Problembewusstsein zu einem Zielbewusstsein zu führen, indem Sie immer wieder klarmachen, dass Ihrem Klienten nicht an seinem Problem gelegen sein kann, sondern an einem positiven Zustand/Verhalten, in dem das Problem nicht vorhanden ist – dass es also in der NLP-Arbeit darum gehen wird, dieses Ziel und die Mittel dazu zu entwickeln. Das Problem selbst ist so gesehen nichts, woran gesondert zu denken wäre.

Ist ein wohlgeformtes Ziel, ein Wellformed Outcome entwickelt, beginnt die Arbeit mit den NLP- oder PI-Techniken, mit denen Sie vertraut sind und die Ihrem Klienten und seinem Veränderungsvorhaben angemessen sind.

> »Großes Verstehen ist weit reichend und ruhig; geringes Verstehen ist eng und eifrig.« (Chuang Tse, Innere Lehren)

Den Anderen verstehen lernen

Um einen Klienten bei seiner Veränderungsarbeit unterstützen zu können, muss der NLP-Coach ihn verstehen – er muss erkennen, was den Klienten bewegt, und wie er tut, was er tut. Vieles wird dabei gefühlsmäßig zu verstehen sein, vieles zeigt die Körpersprache, doch sehr viel zeigt bereits die Sprache des Klienten.

Was die Sprache verrät

Die offensichtlichste Form der Kommunikation ist die verbale, durch die Sprache vermittelte. Beileibe nicht die einzige Form – doch eine ganz besondere Form, die einige Besonderheiten aufzeigt: Vor allem zeigt sie einiges über die »mentale Landkarte« Ihres Klienten.

Oberflächen- und Tiefenstruktur

Der bekannte Linguist Noam Chomsky bezeichnet zwei Aspekte der Sprache: die Oberflächenstruktur und die Tiefenstruktur. Dieses Modell ist ein Metamodell der Sprache.

● Die Oberflächenstruktur gibt Ihnen Auskunft über die bewusst wahrgenommene Realität, die »mentale Landkarte« Ihres Klienten. Die Oberflächenstruktur sind die geäußerten Worte mit ihrem Sinngehalt. Doch die Oberflächenstruktur der Sprache enthält Verkürzungen, Veränderungen und Verzerrungen – diese Transformationen weisen auf die Struktur der mentalen Landkarten Ihres Klienten hin.

● Die Tiefenstruktur enthält dagegen alle verfügbaren Informationen. Sie repräsentiert in verbaler Form die ursprünglichen Erfahrungen, die einer Äußerung des Klienten zugrunde liegen. Die Tiefenstruktur beschreibt die Möglichkeiten, die dem Sprecher zur Verfügung stehen (die »Realität«). Die Oberflächenstruktur geht aus der Tiefenstruktur hervor, indem der Klient die Tiefenstruktur durch seine mentale Landkarte filtert.

Den anderen verstehen bedeutet auch so viel wie den anderen anerkennen. Anerkennung zu erhalten, bewirkt das Gefühl, »Der andere ist zufrieden mit mir, ich bin o. k. – ich darf ganz und gar ich sein.« Und dieses Verständnis wirkt heilend.

Hintergründe ins Bewusstsein rücken

Mit gezielten Fragen können Sie Ihrem Klienten die Tiefenstruktur bewusst machen. Dazu ist es natürlich notwendig, dass Sie die Transformationen, die auf die mentale Landkarte des Klienten zurückgehen, erkennen. Das hört sich leider alles ein wenig theoretisch an – aber Sie werden gleich sehen, dass das alles sehr einfach und praktisch ist.

Natürlich müssen Sie nicht jeden Satz Ihres Klienten hinterfragen – wenn Sie jedoch auf die Sprachmuster Ihres Klienten achten und ihm ab und zu durch gezielte Fragen die Tiefenstruktur zu Bewusstsein bringen, kann allein das schon wichtige Veränderungen bewirken.

In der Tabelle (ab Seite 162) finden Sie die wichtigsten und häufigsten Transformationen, Beispiele und Fragen, die die Tiefenstruktur aufdecken können.

Die Repräsentationssysteme des Klienten

Damit Sie »auf eine Wellenlänge« mit Ihren Klienten kommen und NLP-Techniken effektiv einsetzen können, sollten Sie über die Repräsentationssysteme Ihres Klienten Bescheid wissen. In der Sprache zeigt sich deutlich das Hauptrepräsentationssystem eines Menschen.

So entstehen Missverständnisse

Die Unterschiede in den Wahrnehmungssystemen führen oft zu Missverständnissen und zwischenmenschlichen Konflikten – wie in dem folgenden Dialog:

V: Du hast dich ja lange nicht sehen lassen!

A: Aber wir haben doch fast täglich telefoniert?

V: Siehst du nicht, dass da ein Unterschied ist?

A: Also, ich habe mich gefreut, deine Stimme zu hören. Aber jetzt klingst du schon wieder so aggressiv.

V: Das scheint dir nur so, weil du bei Beziehungen nicht durchblickst.

A: Ich verstehe dich einfach nicht.

K: Ich kann nicht begreifen, dass ihr euch ständig wegen Kleinigkeiten aneinander reiben müsst ...

Um mit Ihren Klienten (oder überhaupt mit Gesprächspartnern) gut kommunizieren zu können, ist es günstig, Ihrem Gegenüber genau zuzuhören, sein Hauptrepräsentationssystem zu erkennen und sich auf dieselbe Wahrnehmungsebene zu begeben.

Unterschiede der Wahrnehmungssysteme

Visuell

● Da sehe ich schwarz ...

● Mir scheint ...

● Das ist doch wirklich einleuchtend ...

● Sie kann das nicht einsehen ...

● Ich sehe das aus einer anderen Perspektive ...

Auditiv

● Das hört sich gar nicht gut an ...

● Für mich klingt das so, als ob ...

● Das klingt doch stimmig ...

● Er hört mir niemals richtig zu ...

● Wir harmonieren nicht miteinander ...

Kinästhetisch

● Damit komme ich nicht zurecht ...

● Nach meinem Gefühl ist es ...

● Das passt doch zusammen ...

● Er kann damit nicht umgehen ...

● Wir liegen nicht auf einer Ebene ...

Das Aufdecken der Tiefenstruktur

Oberflächenstruktur	Klient	Coach	Tiefenstruktur
Tilgungen	Es ist besser, positiv zu denken.	Wofür ist es besser? Für wen? Besser als was?	Ich nehme an, dass ich mich gut fühlte, wenn ich positiv denken würde.
	Ich zeige ihr dauernd, dass ich sie liebe.	Wie genau zeigst du das?	Ich bin eifersüchtig, wenn sie andere Männer trifft.
Nominalisierungen	Unsere Beziehung ist gestört.	Was macht ihr genau?	Wir streiten täglich.
	Ich leide unter Stress.	Was stört dich genau?	Ich arbeite sehr viel und habe das Gefühl, es nicht mehr zu schaffen.
Selbst auferlegte Einschränkungen	Ich kann bei Kritik nicht gelassen bleiben.	Was hindert dich daran?	Ich denke, dass ich mich gegen Kritik verteidigen muss, sonst fühle ich mich als Versager.
	Ich kann nicht mit dem Rauchen aufhören.	Was würde passieren, wenn du es doch tätest?	Beim Gedanken, nicht zu rauchen, fühle ich mich nervös.
Generalisierungen	Sie sieht jedem Mann hinterher.	Wirklich jedem?	Es stört mich, wenn ich sehe, dass sie einen anderen Mann ansieht.

Das Aufdecken der Tiefenstruktur

Oberflächenstruktur	Klient	Coach	Tiefenstruktur
Generalisierungen (Fortsetzung)	Er sitzt immer nur vor dem Fernseher.	Sitzt er wirklich immer vor dem Fernseher?	Er sieht sich oft Fußball an, wenn ich gern mit ihm reden würde.
Kausalzuschreibungen	Ihre Stimme macht mich schon wütend.	Wie macht sie das?	Wenn sie mit schriller Stimme redet, reagiere ich sofort mit Aggression.
	Das schlechte Wetter macht mich depressiv.	Wie macht das Wetter das?	Wenn es regnet, fühle ich mich eingesperrt und weiß nichts mit mir anzufangen.
Gedankenlesen	Meine Kollegen können mich nicht ausstehen.	Woher weißt du das?	Mir fällt es schwer, mit meinen Kollegen unbefangen zu sprechen.
	Mein Mann liebt seine Arbeit mehr als mich.	Woran bemerkst du das?	Mein Mann arbeitet sehr viel; ich würde gern mehr Zeit mit ihm verbringen.
Abstrakte Autoritäten	Man sollte sich nicht gehen lassen.	Wer sagt das?	Ich denke, dass ich weniger wert bin, wenn ich nichts leiste.
	Es ist nicht gut, zu viele Träume zu haben.	Was würde dann geschehen?	Meine Träumereien sind schöner als die Wirklichkeit – wenn sie sich nicht erfüllen, bin ich enttäuscht.

Die Physiologien

Ihnen ist wahrscheinlich klar, dass die Sprache nur einen Teil der Kommunikation ausmacht. Für einen NLP-Coach ist es von größter Wichtigkeit, auch die nonverbalen Signale seiner Klienten richtig zu erkennen. Gerade während der Durchführung einer NLP-Technik ist es notwendig, sofort den jeweiligen Gefühlszustand des Klienten wahrzunehmen, beispielsweise um einen Anker zum richtigen Zeitpunkt zu setzen, um zu erkennen, wann genau eine bestimmte Strategie Schwierigkeiten aufwirft usw.

Im NLP gibt es den Begriff der »Physiologien«, der die verschiedenen deutlich unterscheidbaren körperlich-seelischen Zustände bezeichnet. Das Erkennen der Physiologien ist für einen Coach äußerst wichtig: An der Physiologie seines Klienten erkennt er den richtigen Zeitpunkt, um Anker zu setzen oder zu lösen, sieht, ob sich der Klient tatsächlich assoziiert eine Problemsituation vorstellt und ob eine Technik die richtige Wirkung zeigt.

Eine wichtige Voraussetzung für ein erfolgreiches Arbeiten mit anderen ist, dass Sie den anderen akzeptieren. Seien Sie ehrlich. Das Arbeiten miteinander muss sich angenehm anfühlen, sonst können Sie keine wesentlichen Veränderungen bewirken.

Was Mimik und Körperhaltung aussagen

Tatsächlich ändert sich der gesamte körperlich-seelische Zustand eines Menschen, wenn er die Lösung eines belastenden Problems erkennt, wenn er sich in einer entspannten Situation ein Problem vergegenwärtigt oder wenn ein Glaubenssatz ins Wanken gerät. Einige dieser Veränderungen (in der Tat die eigentliche Physiologie) sind nicht ohne weiteres beobachtbar – beispielsweise die Veränderung des Hautwiderstands. Andere, wie die Veränderung des Muskeltonus, sind von einem erfahrenen Beobachter schon eher zu erkennen. Am einfachsten ist ein Physiologiewechsel jedoch sicherlich am Gesichtsausdruck und der Körperhaltung zu erkennen.

Problemphysiologie

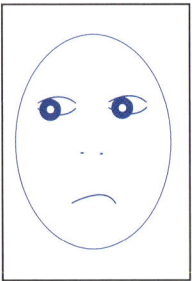

Wenn jemand sich an eine Situation erinnert, die belastend, unangenehm oder unzufriedenstellend für ihn war, wird er die Problemphysiologie zeigen – und das umso deutlicher, je intensiver seine negativen Gefühle waren. In diesem Zustand ist der Klient nicht in der Lage, eine Lösung für sein Problem zu erkennen. Wenn Sie die Problemphysiologie bei einem Klienten erkennen, wissen Sie, dass er sich tatsächlich (nicht nur verbal und rational) an sein Problem erinnert. Um Veränderungen auszulösen, müssen Sie Ihren Klienten aus diesem Zustand führen – zunächst einmal dadurch, dass Sie ihm helfen, sich seiner Ziele bewusst zu werden (Wellformed Outcome).

Typische Kennzeichen der Problemphysiologie

- Erhöhte Muskelspannung oder Schlaffheit
- Flache Atmung
- Geringe Hautdurchblutung (Blässe)
- Nach unten gezogene Mundwinkel
- Augen blicken nach rechts unten

»Um klar zu sehen, genügt ein Wechsel der Blickrichtung.« (Antoine de Saint-Exupéry)

Veränderungsphysiologie (Mischphysiologie)

Sobald der Klient beginnt, Ziele, Problemlösungsmöglichkeiten und Ressourcen zu erkennen, verändert sich die Problemphysiologie allmählich oder auch plötzlich in die Veränderungsphysiologie.

In diesem Zustand ist der Klient bereit für Veränderungen: Er kann sich nunmehr immerhin vorstellen, dass es Lösungen für seine Schwierigkeiten gibt, wenn er möglicherweise im Moment auch noch nicht erkennt, wie diese aussehen könnten.

Die Veränderungsphysiologie zeigt Ihnen, dass Sie mit Ihren Anregungen auf dem richtigen Weg sind.

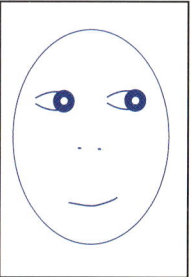

Typische Kennzeichen der Veränderungsphysiologie

- Heben der Augen
- Blick nach links
- Leichtes Heben der Mundwinkel
- Entspannung (bei zuvor erhöhtem Tonus) bzw. Normalspannung

Zielphysiologie (State-Of-Excellence-Physiologie)

Die Zielphysiologie stellt sich ein, wenn der Klient zu einer für ihn stimmigen Lösung gefunden hat. In diesem Zustand ist er motiviert, auf sein Ziel aktiv zuzugehen.

An der Zielphysiologie erkennen Sie, dass Ihr Vorgehen funktioniert hat. Eine besonders starke Zielphysiologie zeigt jemand im so genannten »State of Excellence« – dem Zustand, in dem er sich eins mit sich selbst und im Vollbesitz seiner Möglichkeiten fühlt.

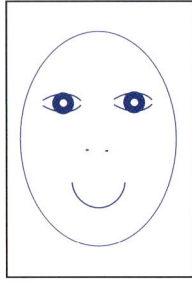

Typische Kennzeichen der Zielphysiologie
- Augen weit geöffnet
- Blick nach vorn
- Pupillen erweitert
- Aufrechte Körperhaltung
- Gut durchblutete Haut
- Mundwinkel nach oben gezogen

Die Augen als Spiegel mentaler Vorgänge

Um Veränderungen effektiv auszulösen, ist es wichtig, die inneren Strategien Ihres Klienten zu erkennen. Eine Hilfe dabei ist die Beobachtung der Augenbewegungen. Die Begründer des NLP fanden heraus, dass sich an den Stellungen der Augen oft sehr genau die Wahrnehmungsstrategien eines Menschen ablesen lassen.

Das »Gedankenlesen« anhand der Augenstellungen ist eine der bekanntesten Errungenschaften des NLP – gleichzeitig aber auch die am häufigsten kritisierte Technik. Tatsächlich scheint es sehr oft nicht zu funktionieren. Das hat mehrere Gründe: Erstens bedarf es einer geschulten Beobachtungsgabe und zweitens ist die Bedeutung der Augenstellungen nicht bei jedem Menschen gleich – beispielsweise verhält es sich bei Linkshändern in der Regel (aber auch nicht immer!) genau umgekehrt, wie in der Abbildung auf der folgenden Seite. Sie können sie also nicht ohne weiteres übernehmen – wenn sie auch auf einen großen Prozentsatz aller Menschen zutrifft.

Der NLP-Ausdruck »Kalibrieren« bedeutet wörtlich »eichen«. Kalibrieren ist eine gute Möglichkeit, einen Menschen – sprich sein Vokabular, seine gesprochene Sprache, seine Körpersprache und damit auch seine Einzigartigkeit – genau kennen zu lernen.

Das Kalibrieren

Zur effektiven Anwendung des Augenlesens und der Physiologien bedarf es des vorherigen Kalibrierens. Die Menschen sind natürlich nicht alle gleich. Nicht jeder zeigt die Problemphysiologie, die Veränderungsphysiologie und die Zielphysiologie in gleicher Weise, und in noch weit stärkerem Maß gilt das für die Bedeutung der Augenbewegungen, deren individuelle Bedeutung nicht gelernt, sondern zuvor ermittelt werden muss.

Dieser Vorgang heißt »Kalibrieren«. Im Gegensatz zur bloßen Interpretation eines Gesichtsausdrucks, einer Augenbewegung oder einer Haltung gibt das Kalibrieren eine große Sicherheit über die inneren Vorgänge des Klienten.

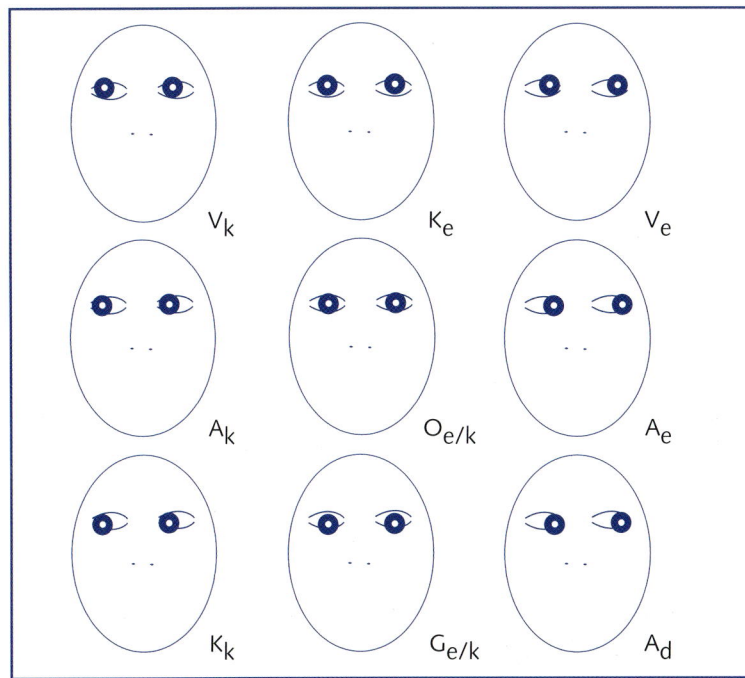

»Eye Cues« für das Kalibrieren. Zur Bedeutung der NLP-Notation siehe Seite 119f.

Gezielt Fragen stellen

Beim Kalibrieren stellen Sie sich auf die individuellen Reaktionen Ihres Klienten ein, indem Sie ihm gezielte Fragen stellen und dabei genau auf seine Reaktionen achten:

● Problemphysiologie, z. B.: »Was war Ihr unangenehmstes Erlebnis in Ihrer Schulzeit?«

● Zielphysiologie, z. B.: »Was geschah am schönsten Tag in Ihrer Kindheit, an den Sie gern zurückdenken?«

Fragen zur Beobachtung der Augenbewegungen:

● Stellen Sie sich das Gesicht Ihrer Mutter vor. (V_e)

● Können Sie sich die Stimme Willy Brandts vorstellen? (A_e)

● Erinnern Sie sich daran, wie Sie einen Ball geworfen haben. (K_e)

● Können Sie sich vorstellen, wie ich mit grünen Haaren aussähe? (V_k)

● Stellen Sie sich vor, wie es klänge, wenn ich doppelt so schnell spräche. (A_k)

● Wie würde es sich anfühlen, auf einem Bein zu stehen? (K_k)

Mit Hilfe der Augenstellungen kann man sogar seinem Erinnerungsvermögen auf die Sprünge helfen: Wenn Sie versuchen, sich an etwas Vergangenes zu erinnern, richten Sie Ihren Blick nach oben, an etwas kürzlich Stattgefundenes geradeaus. Es ist schwierig, sich an Bilder zu erinnern, wenn Sie nach unten schauen.

Es bedarf einiger Übung, so genau zu beobachten, dass man die Augenbewegungen wahrnimmt, und noch mehr Übung, sich deren Bedeutung dann auch noch zu merken. Hier ist die obige Abbildung mit den Augenbewegungen eine Hilfe: Wenn Sie die Abbildung verinnerlicht haben, müssen Sie sich nur noch die Abweichungen merken.

Auch auditive Signale beachten

Alles, was wir bisher über das Kalibrieren gesagt haben, bezog sich ausschließlich auf das visuelle Kalibrieren – aber selbstverständlich können Sie die Physiologien genauso gut auch auditiv kalibrieren, indem Sie genau auf den Klang, die Geschwindigkeit, das Timbre usw. der Stimme Ihres Klienten hören.

Sie können sogar kinästhetisch kalibrieren, wenn Sie eine Hand auf den Arm oder die Schulter Ihres Klienten legen und auf diese Weise die Veränderungen in der Muskelspannung, der Hautfeuchtigkeit und der Bewegung registrieren.

Richtiges Kalibrieren ist eine wichtige Grundlage für ein erfolgreiches Arbeiten mit NLP.

Ein wirkungsvolles Instrument

Wenn Sie sich gut auf Ihren Klienten kalibriert haben, ist das ein sehr machtvolles Instrument. Sie können seine, ihm selbst oft unbewussten Strategien erkennen und an den richtigen Stellen eingreifen.

Wenn Sie sicher auf die Augenbewegungen kalibriert sind, können Sie sogar gezielt Veränderungen in der Strategie Ihres Klienten auslösen, indem Sie ihn anleiten, bei bestimmten gedanklichen Inhalten bestimmte Augenbewegungen bewusst und sehr zielgerichtet auszuführen.

Das Ankern

Das richtige Ankern ist eines der wichtigsten Werkzeuge eines NLP-Coachs. Und richtiges Ankern funktioniert nur, wenn zuvor richtig kalibriert wurde.

Wenn der Coach genau erkennen kann, wann sich der Klient in einer Zielphysiologie befindet, kann er diesen Zustand ankern und später durch das Auslösen des Ankers den Klienten aus einem Problemzustand herausbringen.

Erkennt der Coach die Zielphysiologie nicht richtig, ankert er einen weniger positiven oder im schlimmsten Fall sogar negativen Gefühlszustand. Wird dann dieser Anker ausgelöst, wenn sich der Klient in einem Problemzustand (beispielsweise einem Erregungs- oder Angstzustand) befindet, wird der Anker nicht die gewünschte bzw. sogar eine negative Wirkung zeigen.

Verschiedene Formen

Wenn der Coach einen Anker verwendet, ist das wesentlich kraftvoller, als wenn der Klient selbst bei sich einen Anker setzt. Das Ankern verlangt eine Beobachtung des Gefühlszustands – wenn man nun bei sich selbst einen Anker setzt, bedeutet das automatisch einen gewissen Grad an Dissoziation; man muss sich sozusagen von außen beobachten und damit ein Stück von seinen tatsächlichen Gefühlen weggehen. Überdies kann man bei sich selbst natürlich keine unbewussten Reaktionen beobachten – sonst wären sie ja bewusst. Das richtige Ankern ist also eines der Erfolgsgeheimnisse eines guten NLP-Trainers.

Anker sollte ein Coach nur dann verwenden, wenn er die Physiologien sicher erkennen kann – und das bedeutet, dass er sich zuvor auf die Physiologien seines Klienten kalibriert hat.

Kinästhetische Anker

Man kann auf ganz unterschiedliche Art und Weise Anker bei seinen Klienten setzen. Kinästhetische Anker sind in der Regel am einfachsten. Eine Berührung am Arm oder an der Schulter ist eine deutliche Wahrnehmung, die überdies oft auch das Gefühl der Unterstützung und des Aufgehobenseins mit sich bringt.

Ein weiterer Vorteil kinästhetischer Anker liegt darin, dass sie lange gehalten und gleichzeitig mit einem zweiten Anker eingesetzt werden können (beispielsweise beim History Change). Allerdings können kinästhetische Anker manchmal auch problematisch sein, beispielsweise bei einem Klienten des anderen Geschlechts, der empfindlich auf Berührungen reagiert. Insbesondere im therapeutischen Setting ist darauf unbedingt zu achten!

Auditive Anker

Auditive Anker sind auch oft sinnvoll. Sie haben den Vorteil, vom Klienten in der Regel unbemerkt zu bleiben – ein Vorteil ist das deshalb, weil er dann nicht dazu neigen wird, über die Bedeutung nachzudenken, und somit nicht den Fluss des Geschehens unterbricht. Ein einfacher auditiver Anker kann beispielsweise ein kleines Räuspern oder ein Absenken der Stimme sein.

Bei auditiven Ankern ist besonders darauf zu achten, dass insbesondere PS-Anker (Anker eines Problemzustands) nicht so gewählt werden, dass sie in Alltagssituationen versehentlich aktiviert werden – das wäre beispielsweise beim Räuspern der Fall.

Visuelle Anker

Auch visuelle Anker sind möglich, aber es ist schwierig, sie gezielt einzusetzen. Ein visueller Anker ist sicherlich schon der Anblick des NLP-Trainers – gute Erfahrungen mit dem Trainer werden automatisch gute Gefühle bei einer erneuten Begegnung auslösen. Natürlich gibt es auch olfaktorische und gustatorische Anker, die jedoch nicht leicht in einer NLP-Sitzung eingesetzt werden können. Eine denkbare Möglichkeit wäre, ätherische Duftöle als Anker zu verwenden. Solche Anker wären zwar relativ kompliziert anzuwenden, doch sehr wirksam, da Düfte stark mit dem Unterbewussten kommunizieren.

»Ach, wie oft seh' ich große Kunst und gut Ding im Schlaf, desgleichen mir wachend nit fürkömmt.« (Albrecht Dürer)

Trance – die Autobahn ins Unterbewusste

Viele Techniken des NLP sind nach dem therapeutischen Vorgehen des Begründers der modernen Hypnotherapie, Milton Erickson, modelliert. Bei allen NLP-Techniken, die ein Visualisieren verlangen, tritt ein leichter Trancezustand ein. Die Trance wird der Coach in der Regel unterstützen – denn dann ist das Unterbewusste aufnahmefähiger und besser in der Lage, neue Lösungswege aufzuspüren.

Ein riesiger Speicher

Wie ungeheuer groß die Verarbeitungskapazität des Unterbewusstseins ist, zeigen theoretische Überlegungen zum Informationsfluss: Das Bewusstsein kann maximal 40 Bits (Informationseinheiten) pro Sekunde aufnehmen, während über 10 Millionen Bits pro Sekunde über die Sinne in unser Gehirn gelangen. Natürlich geht diese ungeheure Menge an Information nicht einfach verloren. Untersuchungen zeigten, dass ein großer Teil der gefilterten Information unbewusst verarbeitet wird. In der Trance, in der Bewusstes und Unterbewusstes enger zusammenarbeiten, können also viel mehr Informationen genutzt werden.

Ein ganz natürlicher Zustand

Bis vor kurzem hielt man die Trance für einen eher ungewöhnlichen Bewusstseinszustand. Heute weiß man dagegen, dass Trance nur einer von mehreren natürlichen Bewusstseinszuständen ist: Schlaf, Wachbewusstsein und Trance. Trance ist weitaus häufiger, als allgemein angenommen wird. So sind beispielsweise Kinder beim Spielen, Menschen, die konzentriert, aber entspannt arbeiten oder die vollkommen versunken Musik hören, meditieren oder ein Bild betrachten, in einem Trancezustand. Charakteristisch für eine Trance ist das Ausblenden der Umwelt, die intensive Ausrichtung der Konzentration auf einen Vorgang sowie das Ausschalten der logisch-rationalen Reflexion über das momentane Geschehen.

Trance öffnet innere Türen

Trance muss keineswegs besonders tief sein, um wirksam zu werden. Der Meister der Hypnotherapie, Milton Erickson, führte seine Klienten meist nur in eine schwache Trance – was seinen Erfolgen nicht abträglich war. Interessant für NLP ist die Trance deshalb, weil im Trancezustand die Tore zum Unterbewussten weiter geöffnet sind als gewöhnlich. Die moderne Gehirnforschung hat einige Erklärungen dafür, weshalb Trance bei unbewussten Veränderungen so hilfreich ist.

Unser Gehirn benötigt Schlaf und Trance zur Verarbeitung der alltäglichen Sinneseindrücke und zur Lösung von Konflikten. Auch spontane Trancezustände wie Tagträume fördern die Gehirnaktivierung.

Funktionen der Hirnhälften

Linke Hemisphäre	Rechte Hemisphäre
● Sprache	● Körpersprache
● Logik	● Intuition
● Analyse	● Kreativität
● Lineare Arbeitsweise	● Parallele Arbeitsweise
● Zeitlich ordnend	● Zeitübergreifend
● Bewusstes	● Unbewusstes

(Diese Tabelle gilt für Rechtshänder – bei Linkshändern ist es genau umgekehrt.)

Die Aufgaben der Hirnhemisphären

Bewusstsein und Unterbewusstes zeigen sich auch in der Struktur unseres Gehirns. Das Großhirn besteht aus zwei Hälften, den Hemisphären, die durch ein dickes Bündel Nervenfasern miteinander in Verbindung stehen. Beide Gehirnhälften unterscheiden sich deutlich in ihren Funktionen und Aufgaben.

Trance ändert die Hirnaktivität

In Trance verändert sich die Aktivität im Gehirn – die linke Hemisphäre wird gehemmt, während die rechte vermehrte Aktivität aufweist. Diese Aktivitätsunterschiede kann man mit dem EEG und anderen neueren Methoden sehr genau messen.

Das zeigt, dass in Trance tatsächlich die Gehirnhälfte, die für unsere unterbewussten Fähigkeiten verantwortlich ist, aktiviert wird. Daher ist klar, warum es in Trance einfacher ist, die Bahnen gewohnter Denkmuster zu verlassen.

NLP nutzt Chancen, die die Trance bietet. Einer der Hauptgründe dafür, dass die Arbeit mit einem Coach viel intensiver ist als ohne, liegt darin, dass ein NLP-Coach seinen Klienten dabei unterstützen wird, in Trance zu gehen und die gewaltigen Kräfte seines Unterbewusstseins zu mobilisieren.

Was im Körper passiert

In Trance sind aber nicht nur die psychischen Parameter besonders positiv, sondern auch einige vegetative Funktionen sind in Trance deutlich verändert und tragen zu einer Verbesserung des Allgemeinbefindens, der Aufnahmefähigkeit und damit zu besseren Voraussetzungen für Veränderungen bei.

- Blutdruck (Pulsfrequenz sinkt, Blutgefäße sind erweitert)
- Blutbild (die Leukozytenhaftfähigkeit verändert sich)
- Hormonsystem (es werden weniger Stresshormone ausgeschüttet)
- Immunsystem (bessere Wundheilung, Abnahme des Plasmakortisols)
- Nervensystem (Tonusveränderung)
- Gehirn (Durchblutung, Hirnstrommuster)

Rapport herstellen

»Rapport« ist ein Begriff aus der Hypnose, der den Kontakt von Hypnotiseur und Klient bezeichnet. Ein guter Rapport ist das A und O in der Beziehung zwischen Coach und Klient – einen guten Rapport zu haben, heißt nämlich, eine Vertrauensbasis geschaffen zu haben und sich in seinen Klienten einfühlen zu können. Ihr Klient wird meist schnell erkennen, ob Sie sich in ihn einfühlen können:

- Sie sprechen »seine Sprache« (d. h., Sie verwenden sein Hauptrepräsentationssystem und seine Stilebene).
- Sie können etwas über seine inneren Zustände sagen, dem er völlig zustimmen kann.
- Er fühlt sich in Ihrer Gegenwart angenommen und verstanden.

Man könnte es auch so ausdrücken: Wenn der Klient zu dem, was der Coach sagt, durchwegs »Ja« sagen kann, wird er sich wohl fühlen und Vertrauen fassen. Eine solche »Ja-Einstellung« und damit ein guter Rapport kommen dann zustande, wenn Übereinstimmung besteht zwischen dem, was der Klient fühlt, und dem, was der Coach sagt und tut. Wenn erst einmal ein guter Rapport aufgebaut ist, kann der Coach auch unangenehme oder der gewohnten Sichtweise des Klienten widersprechende Dinge ansprechen, und der Klient wird dann geneigter sein, ihm darin zu folgen.

Pace und Lead

Pace und Lead (Spiegeln und Führen) ist die wichtigste Methode, um Rapport und eine »Ja-Einstellung« herbeizuführen. Pacing oder Spiegeln beschreibt bereits gut, was gemeint ist: Der Coach verhält sich dem Klienten gegenüber in gewisser Weise wie ein Spiegel – das kann auf sprachlicher wie auf nonverbaler Ebene geschehen.

- Sprachlich: Stilebene, Wortwahl, Satzlänge usw.
- Nonverbal: Bewegungen, Atemfrequenz, Haltung usw.

Die Wirkungen der Spiegeltechnik sind mitunter wirklich erstaunlich. Natürlich muss man darauf achten, nicht zu übertreiben, damit das Spiegeln nicht zur Nachäfferei oder Karikatur verkommt. Menschen, die besonders leicht mit anderen ins Gespräch kommen können und schnell Vertrauen gewinnen, gebrauchen die Spiegeltechnik ganz unwillkürlich – und mit großem Erfolg. Durch das Spiegeln wird die »Ja-Einstellung« gefördert. Wenn diese Einstellung erst einmal etabliert ist, wird es möglich, das Spiegeln in ein Führen umzulenken – der gespiegelte Klient wird nun leichter mit einer »Ja-Einstellung« auf Vorschläge und Anregungen des Therapeuten oder Coachs reagieren. Die Technik des Spiegelns und Führens wird jedoch auch häufig als Manipulation kritisiert. Dabei wird übersehen, dass das Spiegeln keine »Einbahnstraße« ist: Dadurch, dass der Coach seinen Klienten spiegelt, gewinnt er an echtem Einfühlungsvermögen und nicht etwa nur an Macht.

Pace und Lead sind grundlegende Werkzeuge eines NLP-Coachs. Der Coach erleichtert es dadurch seinem Klienten enorm, neue Perspektiven zu gewinnen und Veränderungen schnell zu erreichen.

Die Tranceinduktion

Durch das Pacen (Spiegeln) wird es dem Klienten erleichtert, in Trance zu gehen. Um den Klienten tiefer in die Trance zu führen – was natürlich zuvor mit dem Klienten abgesprochen werden muss –, kann der Coach zunächst eine Anleitung zur Entspannung geben und dem Klienten helfen, sich auf die Stimme zu fokussieren. Bestimmte Formulierungen erleichtern diesen Vorgang.

Das Milton-Modell

Nach dem Milton-Modell findet der Klient in der Trance genau das, was er braucht. Um jemanden in seinen inneren Zustand zu führen, ist es erforderlich, eine mehrdeutige Sprache zu benutzen, damit dem Klienten genügend Spielraum bleibt.

Die Begründer des NLP entwickelten aus der Beobachtung des therapeutischen Verhaltens von Milton Erickson das so genannte Milton-Modell, das Formulierungen, die den Trancezustand unterstützen, systematisch kategorisiert:

● *Scheinbare Alternativen anbieten:* »Ob Sie Ihre Augen jetzt schließen oder irgendwann später, spielt gar keine Rolle…«. Indirekt beinhaltet die Aussage jedoch, dass sich die Augen auf jeden Fall schließen werden.

● *Offen lassen:* »Ich weiß nicht, ob Sie schon ganz entspannt sind…«, »Sie können darauf achten, ob Sie spüren, wie sich Entspannung in Ihrem Körper ausbreitet…«. Es erfolgt keinerlei Befehl, doch durch die Vorstellung des Gesagten entsteht im Klienten die Tendenz, diese Vorstellung zu verwirklichen.

● *Nominalisierung:* »Das Entspannen ist angenehm…«, »Das Wohlfühlen ist ganz einfach…«. Der Klient wird nicht direkt angesprochen und wird daher mit größter Wahrscheinlichkeit auch weniger schnell mit Widerstand reagieren.

● *Verwirrung:* »Und so sind Sie nun entspannt oder nicht entspannt, und wie es ist, ist es ganz in Ordnung… das fühlt sich gut an…«. Dadurch, dass das Gesagte nicht in einer streng logischen Ordnung aufeinanderfolgt, werden rationale Strategien des Verstehens außer Kraft gesetzt und unterbewusste Suchmechanismen angeregt.

● *Analoges Markieren:* »Manche Menschen, *Frau X,* finden es *leicht, in Trance* zu kommen, wenn sie sich *entspannen.* Es ist nicht wichtig, wie *tief* Sie *in Trance* kommen, *Frau X*…« Das Unterbewusste nimmt die betonten Worte als Vorschlag auf und versucht sie umzusetzen. Da die Suggestion versteckt ist, setzt ihr das Bewusstsein keinen Widerstand entgegen.

Eine Fährte legen durch Metaphern

Im Anschluss an die Tranceeinleitung geben Sie dem Unterbewusstsein Ihres Klienten Anregungen und Hinweise und unterstützen unterbewusste Suchprozesse. Die vielleicht beste Methode, neue Ideen zu säen und Suchprozesse im Unterbewussten auszulösen, sind Metaphern, Anekdoten, Erzählungen – eine Methode, die Milton Erickson perfekt beherrschte. Die wichtigsten Vorteile dabei sind:

- Die Fähigkeiten des Klienten werden genutzt.
- Das Ergebnis der Suchprozesse ist flexibel.
- Die Aufmerksamkeit wird besser aufrechterhalten.
- Es entstehen kein Widerstand und keine Angst.

Die Struktur einer Erzählung in der Trance folgt nach dem Milton-Modell der Struktur der Metapher. Der gegenwärtige Zustand wird ausgeschmückt, es passiert eine Gefahr; schließlich kommt eine Brücke, die zum wünschenswerten Zustand führt.

Beispiel für Metaphern sind:
- **Berg: Hindernis; Herausforderung**
- **Gipfel: Überblick, Freude, Weitsicht, über den Dingen stehen**
- **Meer: Unterbewusstsein, Tiefe und Weite, Rhythmus**
- **Sonnenaufgang: Neubeginn, beginnende Klarheit**
- **Tunnel: momentane Dunkelheit, aber in der Ferne ist Hoffnung sichtbar**
- **Vogel: sich mit Leichtigkeit über die Dinge erheben, Mühelosigkeit**

Die Etappenziele dieses Kapitels

- Sie haben das Metamodell kennen gelernt, können Oberflächen- und Tiefenstruktur der Sprache unterscheiden und damit Missverständnisse in Gesprächen erkennen und vermeiden.

- Sie können an der Sprache das Repräsentationssystem Ihrer Gesprächspartner erkennen und damit effektiver kommunizieren.

- Sie haben erfahren, wie Sie durch gezieltes Beobachten körperlicher Veränderungen und Bewegungen der Augen Rückschlüsse auf seelische Vorgänge ziehen können.

- Sie haben gelernt, wie Sie mit Pacen (Spiegeln) Vertrauen schaffen und Rapport herstellen können.

- Sie haben das Milton-Modell und Metaphern kennen gelernt.

- Sie haben erfahren, wie eine Trance eingeleitet wird. Nun können Sie z. B. ein Tonband besprechen und sich selbst eine Trancereise gestalten.

Beispiel – der Weg in die Trance

Die Tranceeinleitung

● »Sie können die Augen schließen, wenn Sie möchten, und allmählich ruhig werden und sich entspannen ... Sie hören meine Stimme, die Sie begleitet ... Sie hören Geräusche und nehmen Ihre Gedanken wahr, und jedes Geräusch, jeder Gedanke bringt Sie tiefer in die Ruhe und Entspannung. Meine Stimme begleitet Sie ... und Sie können sich ganz entspannen ...

● Ihre Arme fühlen sich nun vielleicht etwas schwerer an ... wie angenehm ... und Sie können ganz ruhig und entspannt sein ... Ihre Arme können sich entspannen ... Ihre Beine können sich immer weiter entspannen und ganz locker werden ... Ihr ganzer Körper wird immer entspannter – Ihre Arme können ausruhen, Ihre Beine können entspannen, Ihr Bauch kann ganz locker werden, Ihre Brust kann entspannen, Ihr Nacken kann entspannen, Ihr Gesicht kann ganz locker und frei sein ...

● Mit jedem Wort meiner Stimme, die Sie begleitet, können Sie immer weiter entspannen, immer ruhiger werden ...

● Ihr Bauch hebt sich beim Einatmen ... und senkt sich beim Ausatmen ... und mit jedem Atemzug können Sie sich wohl fühlen und noch tiefer in Trance gehen. Sie können die Geräusche wahrnehmen, Gedanken wahrnehmen, und jedes Geräusch und jeder Gedanke lässt Sie entspannter und ruhiger werden ... Jeder Gedanke, der auftaucht, zieht langsam vorbei und lässt Sie noch tiefer entspannen, und Sie können sich warm und wohl fühlen ...

● Sie hören meine Stimme diese Worte sprechen, und bei jedem Wort können Sie noch mehr in die Trance angenehm eintauchen ... Und vielleicht wollen Sie noch tiefer in die Trance gehen und sich wohl und ruhig und entspannt fühlen ... und das ist gut so ... Vielleicht werden Sie müde, vielleicht werden Sie wach sein, vielleicht denken Sie Ihre Gedanken und fühlen Ihre Gefühle ... vielleicht fühlen Sie sich leicht oder schwer ... und wie Sie sich auch fühlen, ist es gut so.

● Nichts müssen Sie tun ... müssen nicht entspannen, müssen nicht zuhören, müssen nicht wach sein, müssen nicht schlafen – manchmal dies, manchmal das ... Und während Sie meine Stimme hören, können Sie noch tiefer in Trance gehen und sich wohl fühlen, wenn Sie das wollen ...

● Und was Sie auch tun wollen, können Sie immer Ihrem Unterbewusstsein vertrauen, dass es alles Wichtige aufnimmt und versteht und es genau dann, wenn Sie es brauchen, ganz zur Verfügung stellt ... Und das fühlt sich gut an, nicht wahr ... Und während Sie noch tiefer in Trance gehen können, wenn Sie wollen, und sich ganz wohl und warm und ruhig und entspannt fühlen dürfen, können Sie zuhören oder auch einfach nur Ihr Unterbewusstsein zuhören lassen.«

Beispiel – der Weg aus der Trance

Die Tranceausleitung

Jede Trance muss mit einer Tranceausleitung abgeschlossen werden. Die Tranceausleitung dient dazu, den Klienten wieder völlig aus dem Trancezustand in den Wachzustand zu führen. Wird eine Trance nicht richtig abgeschlossen, kann das zu einer mehrere Stunden lang andauernden Müdigkeit oder sogar einer leichten Desorientierung führen.

Die Tranceausleitung könnte beispielsweise wie folgt aussehen

● »Und ob Sie nun geschlafen oder zugehört haben oder einfach Ihr Unterbewusstsein haben zuhören lassen, so können Sie doch darauf vertrauen, dass alles, was wichtig war, in der Trance von Ihrem Unterbewusstsein aufgenommen wurde, und es Ihnen all das, was wichtig für Sie war, zur Verfügung stellen wird, wenn Sie es brauchen können und brauchen wollen ...

● Langsam können Sie nun die Trance oder den Schlaf oder das entspannte Zuhören wieder verlassen und allmählich immer wacher werden. Alles Angenehme können Sie mitnehmen, alle Entspannung, alle Einsichten, alle angenehmen Erinnerungen, alle angenehmen Gedanken, alle angenehmen Gefühle. Sie können mitnehmen, was Sie mitnehmen wollen, und sich dabei immer wohler und kraftvoller und allmählich immer wacher fühlen ...

● Wenn ich jetzt von 10 bis 1 zähle, kommt mit jeder Zahl neue Kraft und Energie in Ihren Körper, Sie werden immer wacher und kraftvoller und kommen immer mehr ins Hier und Jetzt zurück.

● Wenn wir bei der Zahl 1 angekommen sind, sind Sie hellwach und voller Kraft und Zufriedenheit und Zuversicht.

10 – langsam werden Sie wacher

9 – immer ein wenig kraftvoller

8 – 7 – 6 – immer mehr Energie

5 – 4 – alle Müdigkeit fällt von Ihnen ab

3 – Sie werden immer wacher

2 – hellwach

● Sie sind jetzt wieder ganz und gar im Hier und Jetzt und hellwach. Wenn Sie wollen, können Sie sofort aufstehen; Sie können sich aber auch noch ein wenig Zeit lassen und der Trance etwas nachspüren. Vielleicht möchten Sie sich ein wenig strecken und tief durchatmen und das Gefühl genießen ...«

Antworten auf häufige Fragen zu NLP

Wird NLP nicht überschätzt?

Frage: Einige Versprechungen von Vertretern des NLP kommen mir sehr übertrieben vor. Ist es nicht etwas größenwahnsinnig zu behaupten, dass NLP in wenigen Minuten etwas leistet, das mit anderen bewährten Methoden Monate dauert?

Antwort: NLP ist erstaunlich, und daher ist es kein Wunder, dass Menschen, die Erfahrungen mit anderen Methoden gemacht (oder gar in eine jahrelange Ausbildung investiert) haben, erst einmal skeptisch sind. Wenn Sie sich jedoch vor Augen führen, dass NLP aus den »bewährten Methoden« hervorgegangen ist, und zwar in der Weise, dass die effektivsten Vorgehensweisen der effektivsten Therapeuten gesammelt und analysiert wurden, dürfte verständlich werden, dass es schon seltsam wäre, wenn NLP nicht viel effizienter als jede einzelne der herkömmlichen Methoden sein würde.

> Die eigene innere Welt entdecken – das ist das Ziel von NLP. Die Methoden zeigen Vorgehensweisen, die das eigene Potenzial, die eigene Kraft entdecken und einsetzen helfen.

Wird der Therapeut überflüssig?

Frage: Kann NLP wirklich ein Ersatz für eine herkömmliche Psychotherapie durch einen fundiert ausgebildeten Therapeuten sein?

Antwort: Ja. Nein. Also: Ja, NLP ist eine sehr effektive Form der Psychotherapie. Kein Wunder, denn die Methoden des NLP entstanden ja aus der Beobachtung der erfolgreichsten Therapeuten.

Und: Nein, ein erfahrener, gut ausgebildeter Therapeut ist bei klinisch relevanten psychischen Problemen (beispielsweise schweren Depressionen, Zwangserkrankungen, Psychosen, Schizophrenie usw.) unverzichtbar. In Deutschland ist ein guter Anhaltspunkt die Approbation als psychologischer Psychotherapeut (dort wird eine Behandlung übrigens auch von der Krankenkasse übernommen). Das Problem ist, dass NLP eine so junge und revolutionäre Methode ist, dass noch sehr wenige klassisch ausgebildete Psychologen eine zusätzliche spezielle NLP-Ausbildung haben.

Werden Probleme verdrängt statt gelöst?

Frage: Werden mit den – zugegebenermaßen erst einmal sehr effektiven – NLP-Techniken Probleme nicht lediglich verdrängt?

Antwort: Nein. Ganz im Gegenteil: NLP versucht vor allem aufzudecken und aufzulösen – allerdings nicht vorwiegend auf der Ebene des Bewusstseins.

Interessanterweise kommt von denselben Menschen, die NLP als zu rational kritisieren, gleichzeitig die Kritik, dass die Problemursachen im NLP keine zentrale Rolle spielen. Wir bezweifeln, dass die tatsächlichen Ursachen seelischer Probleme überhaupt immer bewusst werden können, da der menschliche Geist und die Einflüsse, die auf ihn wirken, viel zu komplex sind, um rational verstanden werden zu können – unseres Erachtens ist die Aufdeckung von Ursachen immer nur eine Rationalisierung. Und das Rationalisieren von Problemen wird niemals Probleme lösen können.

Gewagte Behauptungen

Frage: Einige Behauptungen, wie beispielsweise die, dass der menschliche Geist aus »Subpersönlichkeiten« bestehe, kommen mir doch sehr weit hergeholt vor. Was soll das?

Antwort: Alle Behauptungen, die im NLP aufgestellt werden, sind nur Arbeitshypothesen. Das bedeutet, sie erheben nicht den Anspruch darauf, die »Realität« zu beschreiben. Diese Annahmen erleichtern den Umgang mit komplexen Vorgängen, die rational nicht oder nur sehr schwer verstanden werden können.

Im Grunde genommen ist das etwas, das jeder Mensch ständig tut: Wenn Sie Ihren Arm heben wollen, denken Sie nur daran, Ihren Arm zu heben und nicht im mindesten an die vielen Muskeln (tatsächlich werden selbst bei einer kleinen Bewegung Dutzende von Muskeln bewegt), die für die Armbewegung aktiviert werden müssen. Dadurch vereinfachen Sie den Vorgang nicht nur, sondern machen ihn überhaupt erst möglich.

Was sagt die Wissenschaft?

Frage: Ist NLP überhaupt wissenschaftlich abgesichert? Welche Theorien liegen NLP zugrunde? Wenn schon die theoretische Grundlage falsch ist, kann doch die Praxis nicht viel bringen?

Mit NLP lassen sich in vielen Bereichen des Lebens erfreuliche Resultate erzielen – und vieles innerhalb kürzester Zeit: effektive Kommunikation, zielgerichtete Veränderung, mehr Lebensfreude, beschleunigtes Lernen.

Antwort: NLP ist eine relativ junge Methode und wurde noch nicht umfassend wissenschaftlich untersucht. Das ist jedoch sehr wünschenswert, und in der Tat gibt es zunehmendes Interesse an den Universitäten; an einigen Lehrstühlen (auch in Deutschland) wird NLP derzeit erforscht.

NLP ist eine praktische Methode, die an Theorien erst zweitrangig interessiert ist. Die Vorannahmen des NLP sind Arbeitshypothesen und keine Theorien. Die Wissensgebiete, die zu NLP beigetragen haben (Neurolinguistik, Kognitionswissenschaft, Psychoneuroimmunologie, Psychologie), haben allerdings durchaus Theorien entwickelt, die daher auch als Teiltheorien des NLP angesehen werden können. Ein so komplexer Gegenstand wie der menschliche Geist wird aber vermutlich durch Theorien, die einfacher sind als der Gegenstand selbst, kaum verstanden werden können.

Auf den ersten Blick klingt es einleuchtend, dass eine falsche oder ungenaue Theorie keine guten Ergebnisse für die Praxis bringen kann. Und doch ist es tatsächlich oft so, dass eine ungenaue Theorie einer exakten Theorie nicht nur praktisch, sondern sogar theoretisch überlegen ist! Wie das? Lassen Sie uns ein ganz simples Beispiel nehmen, das sich nur auf eine einfache Längenmessung beschränkt. Sicherlich würden Sie meinen, dass eine Messung in Millimetern exakter ist als eine Messung in Kilometern. Wenn wir nun die Entfernung von Deutschland nach Australien angeben wollen, trifft das dann immer noch zu? Nun, wir könnten die Hauptstädte, oder sogar einen bestimmten Punkt in jedem Land angeben, von dem aus gemessen wird: Aber haben wir dann die Entfernung von Deutschland nach Australien wirklich genauer gemessen?

> Die meisten Menschen gehen automatisch seelisch und körperlich in den so genannten Problemzustand, wenn sie das Wort »Problem« nur hören, denken oder aussprechen. In diesem Problembewusstsein verlieren sie den guten Kontakt zu ihren Kraftquellen.

Ist NLP für jeden geeignet?

Frage: Viele NLP-Techniken und Übungen fordern dazu auf, sich etwas intensiv vorzustellen. Ich habe damit große Schwierigkeiten. Es will mir einfach nicht gelingen, lebendige Bilder wachzurufen. Kann es sein, dass NLP für mich einfach nicht geeignet ist?

Antwort: NLP ist tatsächlich für einige Menschen nicht geeignet, aber Sie gehören höchstwahrscheinlich nicht dazu. Ungeeignet ist NLP für Menschen mit geistigen Behinderungen, schweren psychischen Erkrankungen und extremen Konzentrationsstörungen.

Tatsächlich fällt es einigen Menschen schwer, komplexe, lebendige Bilder zu visualisieren. Einerseits hängt das vom Wahrnehmungstyp ab: Ein Mensch, der seine Erfahrungen vor allem auditiv und kinästhetisch kodiert (das trifft z. B. immer auf Sehbehinderte zu), wird nur schlecht visualisieren. Im NLP ist meist von »Bildern« oder »Filmen« die Rede, weil das visuelle Wahrnehmungssystem in der Regel vorherrschend ist – aber natürlich können die »Bilder« auch Klang- oder Bewegungsbilder sein! Andererseits aber kann die bildhafte Vorstellung durch Übung enorm verbessert werden. Wenn Sie eine Weile ganz bewusst auf die Dinge achten, die Sie sehen, ab und zu die Augen schließen und versuchen, das gerade Gesehene noch einmal vor Ihr inneres Auge zu holen, werden Sie feststellen, dass sich Ihre Visualisierungsfähigkeit schnell verbessert. Analog gilt das natürlich auch für alle anderen Wahrnehmungskanäle.

Kann NLP missbraucht werden?

Frage: NLP lehrt anscheinend sehr effektive Möglichkeiten, Menschen zu beeinflussen, d. h. zu manipulieren. Besteht da nicht die Gefahr des Missbrauchs?

Antwort: Ja, das stimmt: Natürlich kann man auch mit dem NLP-Wissen verantwortungslos und missbräuchlich umgehen, was z. B. in der Werbung und in der Schulung von Verkäufern auch tatsächlich versucht wird. Dazu ist dreierlei zu sagen:

● Erstens ist Wissen immer auch Macht, und jedes Wissen kann missbraucht werden – selbst spirituelles Wissen.

● Zweitens: Der beste Schutz gegen Manipulation ist das Wissen um die Möglichkeiten der Manipulation – wer Manipulation sofort erkennt, kann kaum manipuliert werden. Wenn NLP also die Möglichkeit zur Manipulation bietet, so bietet es ebenso die Möglichkeit, Manipulationen zu durchschauen und abzuwehren.

● Drittens: Der Missbrauch von NLP-Techniken ist nicht so leicht, wie es auf den ersten Blick scheinen mag. Pacing z. B. wird oft als kraftvolle Manipulationstechnik angesehen – aber es ist keine Einbahnstraße: Effektives Pacen gelingt nur, wenn man sich intensiv in sein Gegenüber einfühlt. Wenn man nun aber den Anderen wirklich versteht, mit ihm fühlt und sich auf seine Wellenlänge einstellt, wird man ihn kaum noch gegen seinen Willen beeinflussen wollen.

Wenn Sie Probleme mit dem Visualisieren oder den anderen Vorstellungstechniken im NLP haben, üben Sie: Stellen Sie sich z. B. vor, wie Sie in ein nasses, kaltes Hemd schlüpfen, wie man sich nach einem gelungenen, guten Essen fühlt, wie es ist, wenn man einen gesalzenen Kaffee trinkt usw.

Gibt es ethische Grundsätze?

Frage: NLP ist eine »Technologie«, die sich aber mit dem Menschen befasst. Ohne eine Ethik sehe ich da große Gefahren. Gibt es eine »NLP-Ethik«?

Antwort: Der häufige Gebrauch des Worts »Bewusstseinstechnologie« im Zusammenhang mit NLP ist sicherlich in vielerlei Hinsicht irreführend und beschreibt nur einen kleinen, wenn auch interessanten Aspekt von NLP: NLP ist insofern eine »Technologie«, als dass Methoden und ihre Wirkungen klar nachvollziehbar und in sich logisch und damit vermittelbar dargestellt werden. In jeder anderen Hinsicht ist NLP alles andere als technisch – NLP hat stets den ganzen Menschen als Einheit von Körper, Seele und Geist, mit all seinen Bedürfnissen, mit all seinen Licht- und Schattenseiten im Auge, zielt stets auf das selbstbestimmte Wohl des Individuums und geht von einem positiven Menschenbild aus.

Die Grundannahmen des NLP mit ihrer Wertschätzung jedes Menschen, der Achtung vor seinem gewaltigen Potenzial und der Relativierung jedes dogmatischen und ideologischen Standpunkts beinhalten durchaus eine humanistische und konsequente Ethik.

Zusammenfassend kann man durchaus behaupten, dass NLP-Techniken, die manipulativ eingesetzt werden, nicht vollständig angewandt werden und daher auch viel weniger effektiv sind.

Was kommt wirklich heraus?

Frage: Die Ratschläge zu Motivation und einer »Mission« klingen ja recht nett – aber ich kann doch nicht alles hinschmeißen und meine Arbeit aufgeben, auch wenn ich weiß, dass ich mit meiner Arbeit unzufrieden bin. Ist das nicht alles sehr unrealistisch?

Antwort: Kein NLP-Coach würde Ihnen sagen, dass Sie »alles hinschmeißen müssen«. NLP sagt Ihnen überhaupt nicht, was Sie tun müssen. Es hilft Ihnen, herauszufinden, was Sie wirklich wollen. Ihre Frage sagt uns, dass Sie das Buch (bzw. das Kapitel über Ziele) gelesen und darüber nachgedacht haben – aber ohne die Techniken und Übungen wirklich praktisch durchzuführen. Denn dann wäre Ihnen klar geworden, dass Sie:

● Ihre Arbeit in Wirklichkeit tun wollen und Ihre Unzufriedenheit andere Gründe hat oder

● Ihre Arbeit »hinschmeißen«, weil Sie genau wissen, was Sie wirklich tun wollen und sich ein Ziel gesetzt haben, das Ihnen das Aufgeben Ihrer bisherigen Tätigkeit selbstverständlich macht

Glossar der NLP-Techniken und -Begriffe

Anker Unter einem Anker versteht man im NLP einen Auslösemechanismus für Gefühlszustände. Ein an sich neutraler Reiz (eine Bewegung, ein Klang usw.) wird durch wiederholte Assoziation mit einem Gefühlszustand verbunden, so dass er schließlich reflexartig den Gefühlszustand auslöst. Natürliche Anker entstehen unwillkürlich ständig – oft mit negativen Konsequenzen. Im NLP wird diese natürliche Fähigkeit, Anker zu bilden, bewusst für positive Veränderungen genutzt.

Ankern Der Vorgang, bei dem ein Anker entsteht. Dabei wird ein Gefühlszustand wiederholt mit einem Auslöser (dem Anker) verbunden, bis er durch den Anker ausgelöst werden kann.

Assoziiert Eine Situation, auch in der Erinnerung oder Vorstellung, wird dann assoziiert erlebt, wenn man selbst das Zentrum des Erlebens ist. Siehe auch »dissoziiert«.

Auditiv Den Hörsinn betreffend

Auditive Belief Change Eine NLP-Technik, bei der durch die Veränderung der auditiven Eigenschaften eines einschränkenden → Glaubenssatzes der negative Einfluss dieses Glaubenssatzes aufgehoben wird.

Augenbewegungen → Eye Cues

Belief → Glaubenssätze

Bewusstsein Der Begriff des Bewusstseins ist kaum einer Definition zugänglich. Sicherlich sind die Grenzen zwischen Bewusstsein und Unterbewusstsein fließend – wir ordnen einen geistigen Vorgang umso eher dem Bewusstsein zu, je mehr er im Zentrum unserer Aufmerksamkeit steht.

Changing History → History Change

Coaching Engl. für eine Beratungs- oder Trainerfunktion, als Abgrenzung zum Therapeuten.

Dissoziiert Das Gegenteil von → assoziiert. Bei einer dissoziiert erlebten Situation (Erinnerung, Vorstellung) steht das Ich nicht im Mittelpunkt der Situation, sondern sieht sich selbst sozusagen »von außen«. Damit geht eine geringere Gefühlsbeteiligung einher.

Eco-Check Auch Ökologie-Prüfung, Ökologie-Check, Ecology-Check. Im NLP die Abklärung der ökologischen Stimmigkeit einer Verände-

Je präziser und positiver Sie das definieren können, was Sie wollen, sprich je mehr Sie Ihr Gehirn darauf programmieren können, Wahlmöglichkeiten auf dem Weg zum Ziel zu finden, desto wahrscheinlicher bekommen Sie, was Sie wollen.

rung, d. h. die Frage nach eventuellen negativen Konsequenzen einer gewünschten positiven Veränderung.

Einschränkende Glaubenssätze → Glaubenssätze

Eye Cues Die Augenbewegungen geben Anhaltspunkte für geistige Vorgänge, insbesondere die Kodierung von Strategien. Die Möglichkeit, aus Augenbewegungen auf innere Prozesse zu schließen, sind jedoch begrenzt und verlangen Erfahrung, eine gute Beobachtungsgabe und vor allem vorheriges → Kalibrieren.

Future Pace Auch Future Pacing. Ein NLP-Standardverfahren, das stets am Ende einer Veränderungstechnik stehen sollte. Dabei wird die Qualität und Wirksamkeit der Veränderung geprüft.

Gustatorisch Den Geschmackssinn betreffend

Glaubenssätze Auch Beliefs. Nach Dilts sind Glaubenssätze »Überzeugungen über uns selbst und darüber, was in der Welt um uns möglich ist«. Im NLP wird besonderer Wert auf das Aufspüren und Auflösen einschränkender Glaubenssätze gelegt.

History Change Eine NLP-Technik, die dazu dient, belastende und einschränkende Bewertungen von Erinnerungen so zu verändern, dass sie auf die Gegenwart keinen negativen Einfluss mehr ausüben können.

Hypnose → Trance

Integrationszentrum Auch IZ, Persönlichkeitszentrum. In der Personalen Integration das ICH, in dem sich sämtliche Subpersönlichkeiten vereinigen.

Intentional Blend Eine Technik, bei der zwei einander einschränkende Bestrebungen so miteinander verbunden werden, dass sie sich nicht mehr behindern, sondern gegenseitig unterstützen.

IZ → Integrationszentrum

Kalibrieren Im NLP bedeutet »kalibrieren«, sich auf eine Person genau einzustellen; d. h. durch Fragen und genaues Beobachten die Körpersprache dieser Person erkunden und die → Physiologien eindeutig zuzuordnen.

Kinästhetisch Den Bewegungs- und Gefühlssinn betreffend.

Lead(ing) Auch Führen. Das Verhalten einer anderen Person unmerklich durch körpersprachliche Signale verändern. Leading kann nur gelingen, wenn vorher ein starker → Rapport aufgebaut wurde, vor allem durch → Pacing.

Limiting Belief → Glaubenssätze

Stress und negative Gefühle scheinen oft sehr ausweglos, weil wir uns darin gefangen fühlen. Wir sind nicht in der Lage, positive Aspekte wahrzunehmen. Betrachten Sie das Ganze jedoch einmal aus der Beobachterrolle. Jetzt wird Ihnen vieles gar nicht mehr so negativ erscheinen.

Metamodell Ein Metamodell ist sozusagen ein Modell eines Modells. Im NLP geht es besonders um ein Metamodell der Sprache, d. h., um die Auswirkungen bestimmter Sprachmuster.

Milton-Modell Modell tranceauslösender Sprachmuster, das Bandler und Grinder aus der Analyse des Sprachverhaltens Milton Ericksons entwickelten. Das Milton-Modell ist in gewisser Weise die Umkehrung des Metamodells: Während das Metamodell Aussagen klarer macht, zeigt das Milton-Modell, wie Aussagen auf eine bestimmte, absichtsvolle Art und Weise vage gemacht werden.

Modeling Auch Modellieren. Eine Methode, durch das Nachahmen einer Person (z. B. besonders erfolgreicher Menschen) das »Wie« ihres Tuns herauszufinden. Modeling kann dabei auf ganz verschiedenen Abstraktionsstufen stattfinden.

Moment of Excellence Ein herausragender Gefühls- und Bewusstseinszustand, in dem der Betreffende sich subjektiv sehr wohl fühlt und im Vollbesitz seiner Kräfte ist. NLP ist zu einem großen Teil eine Methode, die Zugang zu diesem Zustand verschafft.

Öko-Check, Ökologischer Check, Ökologie-Check → Eco-Check

Olfaktorisch Den Geruchssinn betreffend.

Pacing Auch Spiegeln. Eine Methode, um → Rapport aufzubauen, indem man sein Verhalten dem des Gegenübers mehr oder weniger subtil angleicht.

Personale Integration Eine Methode, die von Schwarz/Schweppe aus dem NLP und anderen Therapieformen (z. B. der Familienaufstellung) entwickelt wurde. In der PI wird besonderer Wert auf das Subpersönlichkeitsmodell gelegt – das vorrangige Ziel ist, alle Bestrebungen der Persönlichkeit (→ Subpersönlichkeiten) optimal und reibungsfrei (»integriert«) zusammenarbeiten zu lassen.

Phobia Cure Eine NLP-Technik, die zur Befreiung von Ängsten eingesetzt wird.

Physiologie Im NLP versteht man unter Physiologie den körperlichen Ausdruck, der mit einem bestimmten inneren Zustand einhergeht. Für einen NLP-Therapeuten oder -Coach ist es wichtig, die verschieden Physiologien (besonders Problemphysiologie, Mischphysiologie und Zielphysiologie) zu erkennen, z. B., um → Anker effektiv zu setzen. Um die Physiologien effektiv zu erkennen, ist vorheriges → Kalibrieren wichtig.

Das Modeling ist eine einfache und wirkungsvolle Weise, seinen Zielen näher zu kommen. Wenn Sie ein Modell gefunden haben, verhalten Sie sich so, als wären Sie selbst die ausgewählte Person. Beobachten Sie, wie Sie sich als Ihr Modell fühlen und was sich dabei alles verändert.

Positive Absicht Eine der Grundannahmen (Arbeitshypothesen) des NLP besagt, dass jedem Verhalten eine positive Absicht zugrunde liegt. Bei Veränderungen ist es wichtig, diese positive Absicht herauszufinden und in den Veränderungsprozess mit einzubeziehen.

Problem-State Kurz PS. Die → Physiologie eines Menschen, wenn er sich in einem Gefühlszustand befindet, der von einem Problem beherrscht wird.

Rapport Ein Ausdruck aus der Hypnose, der eine vertrauensvolle, verbindende Beziehung kennzeichnet, in dem die miteinander kommunizierenden Personen in Resonanz zueinander stehen. Ein guter Rapport ist wichtig, um den Klienten in → Trance zu bringen.

Referenzerfahrung Eine konkrete Erfahrung in der Vergangenheit, in der eine → Ressource besonders stark zum Tragen kam. Eine Referenzerfahrung dient dazu, sich einen Ressourcenzustand konkret zu vergegenwärtigen.

Reframing Einer Verhaltensweise, einer Ansicht, einer Situation einen »neuen Rahmen« geben, sie in einen neuen Kontext stellen.

Repräsentationssysteme Auch Wahrnehmungssysteme, Wahrnehmungsebenen. NLP geht davon aus, dass alle mentalen Vorgänge in so genannte Wahrnehmungseinheiten kodiert werden. »Denken«, »Fühlen« und »Bewusstsein« werden im NLP also immer als sinnliche Vorgänge betrachtet. Alle mentalen Vorgänge werden demnach sinnlich repräsentiert.

Ressourcen Alles, was dem Erreichen von Zielen dient. Dazu gehören auch äußere Ressourcen, wie Menschen oder Geld. Im NLP geht es vor allem darum, die inneren Ressourcen, also die positiven Kräfte, zu mobilisieren und gezielt einzusetzen: Fähigkeiten, Kenntnisse, Erfahrungen, Vorstellungen, Strategien usw.

Separator-State Auch Unterbrecherzustand. In NLP-Techniken werden häufig innere Zustände gewechselt. Bei einem solchen Wechsel ist es wichtig, den ersten Zustand wirklich zu beenden, bevor in den zweiten übergeleitet wird – das geschieht durch einen Separator-State. Jeder → dissoziierte Zustand kann als Separator eingesetzt werden.

Setting Ein bestimmter Kontext, in dem bestimmte Verhaltensweisen und Erwartungen gegeben sind. So wird beispielsweise in einem therapeutischen Setting erwartet, dass der Therapeut seinen Klienten anleitet und unterstützt.

Viele Begegnungen und Unterhaltungen können leichter und erfolgreicher verlaufen, wenn man offen ist für die Signale der Körpersprache. Denn Nonverbales kann oft viel mehr aussagen als viele Worte. Deshalb wird im NLP sehr viel Wert gelegt auf eine genaue Beobachtung der Körpersprache.

Six-Step-Reframing Ein komplexes NLP-Verfahren, das in sechs Stufen durchgeführt wird und dabei von der Technik des → Reframing Gebrauch macht.

Spiegeln → Pacing

Strategie Eine festgelegte Folge von Handlungen oder mentalen Prozessen. Strategien können großteils unbewusst und in Sekundenbruchteilen ablaufen. NLP deckt solche Strategien auf und zeigt Möglichkeiten, sie zu verändern. Beim Erstellen von Strategien kommt es auf die individuellen → Repräsentationssysteme jedes einzelnen Menschen an: Ein visuell veranlagter Mensch wird in seinen Strategieplan viele Bilder einbauen, die er sich in seiner Vorstellung erarbeitet. Ein auditiv betonter Mensch wird vor allem auf seine eigene innere Stimme oder auf Gespräche mit anderen Menschen hören.

Submodalitäten Die Unterscheidungskriterien innerhalb eines Sinnessystems (einer Modalität). Die Submodalitäten sind die Bausteine der Sinne und Gedanken, aus denen jedes Bild, Geräusch oder Gefühl zusammengesetzt ist. Jeder Gedanke, den wir denken, jede Erinnerung, die wir uns ins Gedächtnis rufen, weist eine Feinstruktur von Submodalitäten auf.

Subpersönlichkeiten Kurz SPs, auch Teile, Teilpersönlichkeiten. Subpersönlichkeiten sind eine Modellannahme, bei der unterbewusste und unbewusste Persönlichkeitsteile, Motivationen und Bestrebungen personalisiert werden, um einen intuitiven und ganzheitlichen Umgang mit ihnen zu ermöglichen und abstrakte unterbewusste Vorgänge visualisieren zu können.

Swish Eine von Richard Bandler entwickelte NLP-Technik, bei der zwei innere Bilder (ein negatives und ein positives) einander überlagern. Dabei werden auf ganzheitliche Weise die → Submodalitäten der negativen Vorstellung verändert und damit der negative Gefühlszustand gelöscht.

Symptom Dialog (PI) Eine Technik aus der Personalen Integration (PI), bei der die Subpersönlichkeiten »Warner«, »Innerer Arzt« und »Vermittler« miteinander kommunizieren und für die Gesamtpersönlichkeit stimmige Wege suchen, dem Konflikt, der als Symptom erscheint, auf sinnvollere Weise gerecht zu werden.

Symptom Reframing Einem Krankheitssymptom einen neuen Bezugsrahmen geben, also die positive Absicht des Symptoms zu erkennen.

»Alles, was wir uns vorstellen können, kann Wirklichkeit werden. Vorstellungen und Phantasien sind die Voraussetzung für alles Neue.« (Anonym)

Tiefenbewusstsein (PI) Auch Tiefenpersönlichkeit genannt. Die Personale Integration (PI) unterteilt den Geist in drei Ebenen: → Bewusstsein, → Unterbewusstsein und Tiefenbewusstsein. Letzteres stellt dabei die Verbindung zu körperlichen Vorgängen (Hormonhaushalt, Verdauungstätigkeit, Herzschlag usw.) her.

Time-Line Auch Zeitlinie. 1. Die innere sinnliche Repräsentation der individuellen Zeitvorstellung. 2. Ein bei verschiedenen NLP-Techniken (→ History Change) eingesetzter räumlicher → Anker, der die innere Time-Line fixiert, beispielsweise mit Hilfe eines auf dem Boden ausgelegten Seils. Das Gehen auf dieser Linie wird mit dem Erleben der Vergangenheit verknüpft.

Trance Ein Bewusstseinszustand, der sich sowohl vom Wachzustand als auch vom Schlaf unterscheidet. In der Trance, die beispielsweise durch Hypnose oder Meditation herbeigeführt werden kann, sind Bewusstsein und Unterbewusstsein in engerem Kontakt. Die Aufmerksamkeit, Aufnahmefähigkeit und Problemlösungsfähigkeit sind während der Trance gesteigert.

Unterbewusstsein Besser Unbewusstes → Bewusstsein

VAKOG Abkürzung für die Sinnesmodalitäten: → visuell, → auditiv, → kinästhetisch, → olfaktorisch, → gustatorisch.
Olfaktorisch und gustatorisch werden häufig zusammengefasst, da Geschmacks- und Geruchswahrnehmungen häufig zusammen auftreten und der Geschmackssinn in der Regel eine eher untergeordnete Rolle spielt.

Visuell Den Sehsinn betreffend.

Visualisieren Bildhaft vorstellen.

Vorannahmen Die individuellen Deutungen der Welt. Alle Ideen, Aussagen und Gedanken setzen bestimmte Vorannahmen voraus. Im NLP wird untersucht, welche Vorannahmen sich wie auswirken, um sie gegebenenfalls zu verändern. Auch die Grundsätze des NLP sind Vorannahmen.

Walt-Disney-Technik Auch Walt-Disney-Strategie. Eine Strategie, die drei Phasen des kreativen Prozesses voneinander trennt und damit die Kreativität effektiver und planvoller einsetzt.

Wellformed Outcome Auch wohlgeformtes Ziel. Ein Ziel, das bestimmte Kriterien, wie Erreichbarkeit durch eigene → Ressourcen, klare Definition, zeitliche Bestimmung usw. erfüllt.

> Ziele sind Vorstellungen davon, was man in einer bestimmten Zeitspanne erreichen will. Sie geben die Kraft für alle Handlungen und letztlich unserem Leben einen Sinn.

Weiterführende Literatur

Andreas, Steve/Faulkner, Charles: Praxis-kurs NLP. Junfermann. Paderborn 1997

Andreas, Connirae/Andreas, Steve: Mit Herz und Verstand. NLP-Fallgeschichten. Junfermann. Paderborn 1992

Bandler, Richard/Grinder, John: Neue Wege der Kurzzeit-Therapie. Neurolin-guistische Programme. Junfermann. Paderborn 1997

Bandler, Richard/Grinder, John: Metaspra-che und Psychotherapie. Die Struktur der Magie. Junfermann. Paderborn 1998

Birkenbihl, Vera F.: Stroh im Kopf? Gebrauchsanleitung fürs Gehirn. mvg. 35. Auflage, Landsberg/Lech 1999

Dilts, Robert B.: Einstein – Geniale Denk-strukturen und NLP. Junfermann. Pader-born 1992

Dilts, Robert B. u. a.: Identität, Glaubenssysteme und Gesundheit. NLP-Veränderungsarbeit. Junfermann. Paderborn 1990

Mohl, Alexa: Der Zauberlehrling. Das NLP-Lern- und Übungsbuch. Junfermann. Paderborn 1993

Mohl, Alexa: Der Meisterschüler. Der Zauberlehrling II. Das NLP-Lern- und Übungsbuch. Junfermann. Paderborn 1996

Ötsch, Walter/Stahl, Thies: Das Wörter-buch des NLP. Junfermann. Paderborn 1997

Schwarz, Aljoscha/Schweppe, Ronald: Vom Inneren Wohlstand. Der neue Weg, glücklich, zufrieden, gesund und dabei auch noch reich zu werden. Herbig. Mün-chen 1997

Schwarz, Aljoscha/Schweppe, Ronald: Die Philosophische Hausapotheke. Rezepte und Strategien von Konfuzius bis Schopen-hauer. Herbig. München 1999

Schwarz, Aljoscha/Schweppe, Ronald: Die Macht des Unbewussten nutzen. Südwest Verlag. München 2000

Stahl, Thies: Triffst du 'nen Frosch unter-wegs ... NLP für die Praxis. Junfermann. Pa-derborn 1988

Zeig, Jeffrey K. (Hrsg.): Meine Stimme be-gleitet Sie überallhin. Ein Lehrseminar mit Milton H. Erickson. Klett-Cotta. 7. Auflage, Stuttgart 1999

Bildnachweis

Fotoarchiv, Essen: 112 (Peter Hollenbach), 93, 158 (Friedrich Stark); Gettyone Stone, München: 12 (Robert Stanton), 64 (Rick Raimond), 76 (Joe Polollio), 126 (Klaus Lahnstein); IFA-Bilderteam, München: 96 (F. Prenzel); Image Bank, München: 87 (Yuri Dojc), 108 (J. W. Burkey); Mauritius, Mittenwald: 2 (SDP), 11, 34, 50, 71, 117, 154 (AGE), 118 (Kupka), 148 (Auli); Bildarchiv Paturi: 144; Premium, Düsseldorf: Titel/Fond (Orion Press), 83 (Stock Image), 135 (J. Union); Südwest Verlag, München: Titel/Einklinker (D. Parzinger), 4 (K. Vey); Transglobe, Hamburg: 6 (N. N.), 27 (Helmut Schramm)

Kontakt zu den Autoren

Homepage:
http://members.aol.com/NLPTeam
E-Mail:
NLPTeam@aol.com

Hinweis

Das vorliegende Buch ist sorgfältig erarbeitet worden. Dennoch erfolgen alle Angaben ohne Gewähr. Weder Autoren noch Verlag können für eventuelle Nachteile oder Schäden, die aus den im Buch gegebenen praktischen Hinweisen resultieren, eine Haftung übernehmen.

Impressum

© 2000 Südwest Verlag, München, in der Econ Ullstein List Verlag GmbH & Co. KG, München
2. Auflage 2001
Alle Rechte vorbehalten. Nachdruck – auch auszugsweise – nur mit Genehmigung des Verlags.

Redaktion: Dr. Marion Onodi, Barbara Brubacher

Projektleitung: Nicola von Otto

Redaktionsleitung und medizinische Fachberatung: Dr. med. Christiane Lentz

Bildredaktion: Gabriele Feld

Produktion: Manfred Metzger (Leitung), Annette Aatz

Layout: Wolfgang Lehner

Umschlag: Lohmüller Werbeagentur, Berlin; Reinhard Soll

DTP-Produktion: Mihriye Yücel

Printed in Italy

Gedruckt auf chlor- und säurearmem Papier

ISBN 3-517-06238-3

Register